JN149052

人物で読むジェンダー史
歴史をひらいた女たち

江刺昭子
Esashi Akiko

インパクト出版会

目次

歴史をひらいた女たち　人物で読むジェンダー史

Ⅱ　原爆被害を告発し、記録する

III
60年安保と樺美智子

IV
重信房子と遠山美枝子

まえがき

共同通信社と47都道府県の52新聞社のニュースサイト「47（よんなな）ニュース」に、２０１８年5月から23年12月まで、不定期に時事エッセイを寄稿しました。その中からテーマ別に整理して33本を選び編集したのが本書で、掲載順ではありません。各項目末尾の（　）内が共同通信社の配信年月日です。

日々起こるできごとを導入部分にして書いたので、数年経った現在ではわかりにくいことがあります。そのため、内容を大きく変えずに、書き出しを削除したり、（　）内に年月を補ったり、加筆したところもあります。表題と小見出しも、元のままのものもあれば、適宜変更したものもあります。時事問題でわかりにくいところは、＊を付け、文末に説明を補ったり、現状を書き加えました。「被爆の実相を綴った大田洋子『屍の街』（１）～（４）」は大幅に改稿しました。筆者が代表をしている研究会などの機関誌から転載した論考も３本追加しました。

サイト掲載時は、共同通信社の方針に従って、過去の人物には敬称なし、現存の人物には「氏」や「さん」をつけましたが、本稿では敬称は全て略しました。

I

弾圧されても、信じる道を行く

「表現の不自由」と闘った女たち

女の手になる女の文芸誌『青鞜』

「あいちトリエンナーレ2019」の企画展「表現の不自由展・その後」*をめぐって、政治家の発言が波紋を呼んだ。河村たかし名古屋市長が中止を求め、当事者ではない黒岩祐治神奈川県知事までが、自分なら「開催を認めない」と発言して物議をかもした。黒岩知事はフジテレビの元キャスター。仮にも報道する側にいた人が、表現を抑圧する側に立とうというのだろうか。戦前の知事職は官選で、内務省という最強の官庁を後ろ盾としていた。その内務省は、検閲という強大な権力を用いて表現の自由を圧殺した。黒岩知事の発言は、官選知事の姿に重なる。

1世紀以上前、1911年9月に創刊された『青鞜』メンバーの「表現の不自由」との闘いは参考になるかもしれない。『青鞜』は、女の手になる女だけの文芸誌として出発した。主宰者の平塚らいてう（本名・明＝はる）による「創刊の辞」は知られている。「元始、女性は太陽であった。真正の人であった。それに続く言葉も大切である。

「今、女性は月である。他に依って生き、他の光によって輝く、病人のような蒼白い顔の月である」

自己を持たないことが女の美徳とされた時代に、自我を肯定し、既成概念をとり去って抑圧のない人間として立ちあがれと言う。これにこたえて青鞜社の社員たちは、家制度下で恋愛や結婚を制限された苦しい体験を自分の言葉で語り始めた。単なるお嬢さま芸でないのは明らかだったから、内務省は当初から「危険思想」とみていたようだ。

翌年4月には早くも発禁処分になり、警察に雑誌を押収されている。荒木郁の作品「手紙」が原因とされる。人妻から若い愛人にあてた手紙形式で密会の喜びを語った短編で、発禁理由は出版法第19条の「風俗壊乱」、社会の風紀を乱すというのだ。メディアもこぞって青鞜社員をバッシングして、権力に媚びた。尾竹紅吉（本名・一枝）がカフェ兼レストラン「メイゾン鴻の巣」で「五色の酒」（カクテルのこと）を飲んだように書いたり、吉原見学を吹聴したりしたのがきっかけ。

『読売新聞』、『東京日日新聞』などが「新しい女」、「新しがる

『青鞜』創刊号」

女」などのタイトルで、あることないこと織り交ぜて刺激的な読み物に仕立てあげ、10回も20回も連載した。取材にきた記者に、紅吉は「五色の酒」は飲んでいないと言ったが、それでは「やじることも出来ないし、非難の材料にはなりませんから新聞はおかまいなしにガアガア書きたてたのです」。「こんな記事は大うそです」と言っても、一行も訂正してもらえなかったと、戦後になって回想している（『世界』1956年3月）。

平塚らいてうの「新しい女」宣言

社会の規範からはみだした者をたたきのめす体質は、今も変わらずメディアにあり、ネット空間はそれを増幅している。社員たちが動揺する中で、らいてうは『中央公論』（13年1月）に寄稿して、毅然と自分は「新しい女」だと宣言し、「旧道徳、法律を破壊しよう」と書いた。『青鞜』でも特集を組んだ。これを受けてメディアで論議が活発になり、「新しい女」は不良少女というマイナスイメージから、新時代を担う女というプラスイメージに転換していく。そして、この年『青鞜』は文芸集団から思想集団へと大きく変貌する。

平塚らいてう、『青鞜』創刊の頃

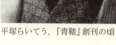

弾圧は続く。福田英子の「婦人問題の解決」(13年2月)が原因で再び発禁。らいてうが「世の婦人達に」(同年4月)で、良妻賢母主義を否定し、現行の結婚制度に服することはできないとしたことで警察の注意を受け、続けて刊行した評論集『円窓《まるまど》より』も発禁になった。警察部門を所管した内務省警保局長が語っている。「近頃往々青鞜その他の女子文学雑誌に甚だしく淫乱な記事を掲げ又従来の慣習及び道徳に反対したりする文章がみえるのは誠に困ったものである…当局者としては出来る限り危険思想の撲滅に力むるの外に方法はないのである」(『大阪朝日新聞』同4月23日)。

「ホワイトキャップ党」を名乗る者から編集部に脅迫状が届き、「青鞜社中第一期に殺スベキモノ」として4人の名が挙げてあった(『青鞜』13年6月「編輯室より」)。らいてう自宅の書斎の窓に何者かが石を投げつけたのもこの頃。それでもめげずに、貞操や同性愛や産児制限や堕胎など、それまで女が口にすることがはばかられたテーマを取り上げた。それは他の雑誌メディアも巻きこんだ幅広い論争になり、女性問題を

茅ケ崎海岸で青鞜関係者。
前列中央がらいてう、右隣が尾竹紅吉、
うしろ左端が荒木郁(『青鞜』1912年9月)

社会問題へと押し上げた。

16年2月に終刊したが、『青鞜』が刊行された4年半は、睦仁天皇が死去して明治が終わり、大正に変わった時期と重なる。この時期に最も世間を驚かせたのは、天皇の葬儀が行われた12年9月13日に陸軍大将乃木希典と妻静子が殉死した事件である。

2人の死は「忠」の見本として美化されたが、個を封じこめた死と、個の発露にこだわった女たちの生は対照的だ。大正デモクラシーという自由主義の時代を拓くのに一役買ったのは女のほうである。彼女たちは時代とまっすぐに向き合い、古い権威や制度と衝突しながら自らを成長させてもいる。

表現の自由は民主主義の根幹である。沈黙は現状を容認することになる。「表現の不自由展・その後」の中止について衆知を集めて議論しよう。閉塞状況の時代に、『青鞜』と同じように、風穴をあけたい。


（2019年9月27日）

＊　表現の不自由展　2015年に「ギャラリー古藤」で始まった展示イベントで、検閲や社会的圧力で展示中止に追い込まれたアート作品を集めた美術展。「あいちトリエンナーレ」の展示は、脅迫状が届き、3日間で中止に追い込まれた。

生誕130周年の山川菊栄(1)

『おんな二代の記』に学ぶ

水戸から3日かけて上京

明治30年代、満州の曠野を駆けめぐる馬賊に憧れた少女がいる。のちに社会主義フェミニストとして活躍した山川菊栄である。1890年に生まれ、90歳の誕生日前日、1980年11月2日に亡くなった。

彼女が生まれた日、2020年11月3日に「山川菊栄生誕130周年記念シンポジウム　今、山川菊栄が新しい!」がオンラインで開催された。シンポジストは山川を研究してきた鈴木裕子ら女性4人。大正時代から一貫して性差別撤廃を主張して女性運動をリードし、戦後は労働省婦人少年局の初代局長として手腕を振るった山川を熱く語った。それを聞いて感じたことも踏まえ、山川の何が「今、新しい！」のか、わたしなりに考えたことを述べたい。

山川の仕事の中心は、論理の勝った評論だが、歴史回想や民俗を扱った著作も多い。その中の一作『おんな二代の記』（１９５６年刊）は明治初期から昭和戦前まで、母の森田千世《ちせ》と山川菊栄が歩いた女の歴史を重ね綴った自叙伝だが、記憶力抜群の母娘が繰り出す絶妙な語り口に引きこまれる。わたしにとって歴史への入門書になった。

72年に東洋文庫として再刊、さらに２０１４年に岩波文庫から再刊されている。以下の引用は東洋文庫版による。

時代は四つに区分される。最初の「ははのころ（明治前半）」は、針仕事をしながら母千世が「なかばひとり言のようにつぶやいていた」（あとがき）言葉を娘が書き起こしたもの。

開国問題で騒がしい幕末、水戸藩の儒者の家に生まれた千世は、満15歳になった１８７２（明治5）年、水戸から馬と船で3日かけて上京する。その前年、のちに女子英学塾（現、津田塾大）を創立する津田梅子ら5人の少女が米国に留学しており、千世も新知識を求めていた。

しかし、文明開化の風は男ばかりに吹いて、女には無縁。津田のような官費留学生の派遣は1回でおしまいになる。満足な女子中等教育施設さえなく、千世は築地の上田女学校、四谷見附に近い報国学舎、小石川の同人社女学校などの私塾を転々したあと、お茶の水の女子師範学校の1回生になる。

上田女学校では入学第1日に、初めて地球儀を見て日本の位置や地球の自転を知り、一生忘れ得ぬ感激に打たれる。そして英語を学んだ。男女共学の報国学舎では少数派の女子生徒にいやがらせをする男子に向かって、年かさの陸軍少佐夫人が反撃する。

「何をッ！　べらぼうめ。おたんちん野郎！　女だろうがおたふくだろうがてめえらのお世話になるかってんだ。女に英語が読めてくやしいのか。男のくせにケチな野郎だ。くやしけりゃ遠慮はいらねェ。てめえらも負けずにペラペラッと読んで見ねえ。さ、読んでみな読めねェか。ざまァみやがれ、読めねえなら読めねえでいいからおとなしくひっこんでろい」

この長いせりふを母が記憶し、娘が記録したのは、男からの蔑視や嘲弄に対する強い怒りや反発を、母と娘が共有していたからだろう。生徒たちは年齢も身分もさまざま。この胸のすくような啖呵を切った少佐夫人は、切腹させられた水戸藩の執政を父に持つ女性で、元は生粋の江戸芸者だった。山川は幕末水戸藩の血みどろの政争に触れながら、周辺の人間模様を活写している。女子師範で、生徒が教科書が難しすぎるとこぼすと、先生が男子師範でも同じものを使っていると叱る。そこで生徒たちが頑張って勉強していると、先生が教科書を易しいものにかえてしまい、逆に生徒が憤慨し抗議する。そんな教室風景も描く。

寄宿舎生活や千世の同級生たちのその後の有為転変も織り交ぜながら、西南戦争の成り行き、大久保利通暗殺、鹿鳴館時代を経て国粋主義の時代へ。明治政府の指導者の中には「国粋主義者、復古主義者、天皇の神権、世界制覇を疑わぬ狂信家も多く」「洋服を着、外国語を話しても、自由平等とか女性の人権とかいう市民革命の理想を解する者は少なく」と、藩閥政治家や閥族官僚の暴虐ぶりを列挙する。

首相を2度も務めた黒田清隆が「天皇陛下の御前で祝辞かなにかを読むとき、「天皇陛下」(原文は「陛下」に傍点)というのを「テンノウカイカ(階下)」と読んだ」という逸話など、現代の政治家を彷彿とさせる。

女子師範を卒業した千世は、両親の望みで洋行帰りの技師、森田竜之助と結婚し、山川菊栄は次女として生まれる。麹町の住まいから番町小学校、府立第二高等女学校(現、都立竹早高校)へと進学した。事業に忙しく不在がちの父に代わって、母が仕切る家庭は開明的だった。その中で強烈な自我を育てていく様子は、「ははのころ(明治前半)」に続く「少女のころ(明治後半)」に詳しい。

女の歩く道はどこも袋小路

1900年、皇太子(のちの大正天皇)が結婚し、小学生の菊栄は沿道に並んで奉祝歌を歌いながら宮廷馬車を見送った。

「ちょうどあの時刻に山川均というまだ十代の少年があの若い花嫁を人身御供《ひとみごくう》としてあわれんだ文章を書いた友達とともに、日本ではじめての不敬罪にとわれて獄につながれようとは、誰が思ったでしょう?」と書いているが、後年、その人と自身が結ばれることになるとは、当時、知る由もなかった。

現代の子どもたちがアニメやゲームの主人公に自分を重ねるように、馬賊に憧れたり、看護婦になって従軍したりしようと思ったのは日露戦争前夜の女学生時代。一方で創立早々の大橋図書館（現在の千代田区三番町所在）の常連になって一葉全集や古典を読みふけり、高女の教師が押し付ける賢母良妻教育に反発し、英語力を養って自立するため女子英学塾に進む。

入学試験の作文で「抱負」という題が出され、将来は女性解放のために働きたいと書いて、もう少しで落とされそうになり、入学後には紡績工場を見学して、女工の悲惨な状態にショックを受ける。時事問題の時間に外字新聞を読み国際問題に関心を持つ習慣が身につき、のちに欧米の女性解放文献を翻訳する実力を蓄えた。さらに東大の聴講を希望して規則書を取り寄せると「男子に限る」とは書いていない。同じ望みの同級生とともに教師を通じて頼みこんだが「東大側では『学生』といえば当然男子を意味し、女子は問題にならぬという解釈」だった。山川は「あとがき」で書く。

「母の時代よりはだいぶよくなっていたはずの私の時代でも、女の歩く道はいたるところ袋小路で、のびる力をのばされず、くらやみを手さぐりで歩くようなもどかしさ、絶望的ないらだたしさは、学生時代のたのしさ、若い時代のよろこびというものを私に感じさせませんでした」

山川が「くらやみの中を手さぐりで」自立を目指した時代から100年以上。闇は薄れたが、今なお入試で女子の門戸を狭める大学があり、政治参加への壁は厚く、経済的自立への道も険しい。この闇にどう立ち向かうべきか。

山川は幕末から明治大正昭和の歴史を、男の書いた正史ではなく、武士や軍人や政治家が活躍するテレビドラマでもなく、女の目でとらえた。その新鮮さ、社会批判の鋭さは他に類を見ない。

抑えられれば反発するバネの強靱さと、そこからくみ上げた社会認識は、女性を含む社会的弱者だけでなく、男性も疎外されているのだと看破する。そうした視野の広さが、後年のねばり強い社会運動につながっていった。闇を切り開き、閉塞状況を打ち破るために、彼女の仕事に学びたい。

（2020年11月18日）

生誕130周年の山川菊栄（2）

魂を形成する権利を男に委ねるな

母性保護論争を取り上げた歴史教科書

この夏（2020年）、来年度から中学校で使われる歴史と公民の教科書が各自治体で採択され、話題になった。「新しい歴史教科書をつくる会」の流れをくむ育鵬社版を使っていた東京都、横浜市、大阪市など多くの自治体が他社版に切り替えた。その際、注目されたのは歴史認識や憲法観だが、女性の扱い方も教科書によって大きな違いがある。

大正期の「母性保護論争」を初めて取り上げたのは、帝国書院の歴史教科書である。「多面的・多角的に考えてみよう」という

山川菊栄、1920年

2ページにわたるコラムで、3人の論者の主張を整理し、当時の女性の労働と家事をめぐるデータを資料として付している。

母性保護論争とは、1918年から19年にかけて、『婦人公論』誌上で戦わされた女性史における代表的な論争である。教科書も取り上げた与謝野晶子、平塚らいてう、山川菊栄が主な論者だった。1878年生まれで11人の子を文筆で育てている与謝野が、女性の経済的自立を主張。全体の労働時間を短縮すれば、男も女も経済的、精神的に余裕ができて、家庭の仕事も男女で分担できると書いたのが発端だ。

これに平塚らいてうが反論した。『青鞜』を伊藤野枝に譲り、法律によらない結婚をして子をもうけた。その実感から、女性の経済的自立は困難であるとして、子どもを育てることは国家的社会事業だから、国家が母性を保護するのは当然だとした。

2人の論争が続く中に割って入ったのが山川菊栄で、2人の要求は当然としつつ、その根本的解決は資本主義そのものの変革によらなければならないと、社会主

与謝野晶子、1930年頃

義女性解放論を唱えた。その中では、仕事や病気の母のために完備した保育所を全国くまなく設けるという今につながる具体策も提唱している。

当時の働く女性といえば若い未婚労働者がほとんどだが、既婚の女性労働者が増え始め、事務職の職業婦人も出てくるなかで、保護か平等かという問題が提起されたのだ。産む性である女性が職業を持って働くときに直面するこの問題は、１９８０年代の男女雇用機会均等法の制定時にも問われたが、今日もなお解決されていない。

この論争には、女性が働く環境をどう整えるか、育児や家事・介護など女性が担ってきた不払い労働（アンペイドワーク）をどうとらえるかといった多様な問題が含まれている。中学生たちが将来、働くようになり、家庭を持つようになると、男女共に必ずかかわってくる問題だから、この教科書をできるだけ多く採用してもらいたい。

山川菊栄・均夫妻と長男

疑うことは私たちの自由

この論争で明晰な論旨を展開して、ひときわ注目を浴びたのが山川菊栄だった。

　これより前、菊栄は女子英学塾を卒業し、翻訳や個人教授で自立をはかっていた。１９１６年（当時は母方の青山姓）、友人に誘われて大杉栄・荒畑寒村の平民講演会に参加し、そこで山川均《ひとし》と知り合う。不敬罪で服役したあと社会主義運動に加わり、１９１０年に幸徳秋水らが逮捕（翌年処刑）された大逆事件の弾圧をからくも逃れた社会主義者である。

『おんな二代の記』によれば、「そのころの社会主義者といえばごろつき同様に思われ、親兄弟が失業し、姉妹が離婚された例さえあるほどのきらわれ者だった」というが、意に介さず、知り合った年のうちに結婚した。

　菊栄はまもなく結核を患うが、療養しながら出産。親子３人の生活が落ち着いたと思ったら、均が発行していた雑誌が問題となり、禁錮４カ月の判決を受けて入獄する。このときから敗戦まで、常に警察に監視される状況のなかで、翻訳や執筆活動を続けることになる。

　労働を軸とした女性論にペンをふるい、体調が良くなると、労働現場の実態調査にも出かけている。京都西陣職工の調査に出かけたときだった。宿泊している旅館の部屋にあいさつもなしに見知らぬ男がヌッと入ってきた。警察手帳を出したが菊栄は、自分は素人なので手帳が本物かどうかわからない、どろぼうならともかく警官が無断で客室へ入るとは思えない。ニセモノらしいから取り締まってくれと最寄りの警察署へ電話をかけた。『おんな二代の記』の「大正にはいってから」にあるエピソードで、皮肉とユーモアが利いている。

時事問題への切り口も鮮やかで、太平洋戦争が始まる頃まで、雑誌や新聞に時評を連載しており、こんな文もある。１９１９年、農商務省の役人である山田憲が外米輸入商の鈴木弁蔵を殴り殺すという事件があった（鈴弁事件）。新聞は、犯人の母が妓楼の娘だったとか、妻が世帯持ちが悪いなどと書き立てた。

菊栄は「女房が世帯もちがへただと亭主が人殺しをするにきまっているなら、かくいう私の亭主などは、今日までに鈴弁の五人や七人なぐり殺したくらいではおっつくさたではない」と批判した（宮武外骨主宰の『赤』19年8月号）。メディアが加害者の家族をさらしものにし、社会的になぶり殺しする例は今も後を絶たない。

女性自身も意識変革を

こうして19年には『婦人の勝利』、『現代生活と婦人』、『女の立場から』と3冊の評論集を出版している。売買春、家庭婦人の不払い労働、母性保護…いずれの問題も、社会の仕組みのなかで女性が抑圧されていることから起こっている。それを資本主義という社会構造と関連づけて考える視点が鮮やかだ。

そして、男性が作り運用する法や制度を疑うことなく受け入れてきた女性自身にも意識変革を求める。18年に文部省が開いた女子教育会議は男性のみで構成され、女性が一人も入っていなかった。これを逆転させて、男子の教育を女性の意見だけで決めたらどうなるか。タイトルもそのものずばりの評論「男が決める女の問題」（『女の立場から』所収）で、菊栄は鋭く問いかける。

「私たちはいつ私たち自身の魂を形成する権利を彼らの手に委ねたか。そして私たちはいかなる理由によって、私たち自身の意思を無視して審議し決定せられた彼らのいわゆる教育方針なるものに従って、生ける傀儡《かいらい》となって果つべき義務を認めねばならぬか」

そして現状を懐疑し、批判精神を持とうと訴える。

「かく疑うことは私たちの自由でなければならない。私たちの若き姉妹よ、まずかく疑うことを習え。かく疑うことを知ったとき、そしてこの疑いをあくまで熱心に、あくまで執拗に追求することを学んだ時、そこには私たち婦人の救いの道が開けてくることを、ただそこにのみ開けてくることを覚らるるであろう」

今もわたしたちは、男性中心の政治が決めたことや男性中心の司法が判断したことに従わされている。そういうものだと慣れっこになっていないか。今こそ山川の言葉をかみしめて、本質を見抜く目を取り戻したい。

（2020年11月19日）

生誕130周年の山川菊栄(3)

「赤瀾会」メンバーの軌跡

行動するフェミニスト、九津見房子

山川菊栄と生年も没年も同じ女性社会主義者がいる。1890年10月18日、山川より16日早く生まれ、1980年7月15日、山川より3カ月半早く逝った。岡山市出身の九津見房子である。

山川が文筆で女性運動をリードしたのに対し、行動するフェミニストだった。闘いの途上で非業の死を遂げた伊藤野枝や金子文子のように、映画や小説で取り

九津見房子、76歳の頃

上げられることもなく、忘れられた活動家だったが、この夏、同郷の詩人斎藤恵子が評伝『九津見房子、声だけを残し』を出版した。

タイトルの「声だけを残し」というのは、『九津見房子の暦　明治社会主義からゾルゲ事件へ』（牧瀬菊枝編、75年刊）に長い活動歴を語っている以外、本人が書いたものがないからで、他の資料もあわせ丹念に読み込んでいる。これも踏まえて、九津見の軌跡と山川のそれを重ね合わせ、日本の女性解放運動の来し方と未来を考えたい。

九津見が社会主義運動に飛び込んだのは、山川菊栄よりはるかに早い。女学校4年、16歳のとき、通学途上の寺で社会主義講演会の貼紙を見て会場に行き、山川均に出会う。均は不敬罪による3年の刑期を終えて倉敷の実家に戻り、薬問屋の番頭をしながら活動していた。

「今こそわれわれは力を中央に集中して働かなければならない」とあおられて家出。均とともに上京し、やはり岡山出身の女性解放運動家、福田英子の家に落ち着き、福田が発行する『世界婦人』の手伝いをする。しかし、父親が亡くなったため4カ月後に帰郷した。

23歳でキリスト者の高田集蔵と結婚し、2子をもうけたが離婚。21年4月、堺（のち近藤）真柄《まがら》らと女性社会主義者グループ

赤瀾会の旗、RWはレッドウエイブズの意

の赤瀾会（せきらんかい、「瀾」は波の意）を結成する。この赤瀾会で九津見と山川菊栄は交差し、しかし、その後の闘いの歩みは対照的といえるほど、別れていく。

赤瀾会は前年結成された日本社会主義同盟の婦人部のような存在だった。結成後すぐの5月1日、日本で初のメーデーの街頭デモに参加して全員が検束された。山川は『おんな二代の記』に次のように書いている。

「ほんの少しばかりの婦人たちが何倍もの警官にとりかこまれ、打つ、蹴る、ひきずりまわすという暴行をうけ、中には二年間入院をよぎなくされたほどの被害者を出そうとは夢にも思わなかったことでした。警官は単にメーデーそのものが憎かったばかりでなく、『女のくせに』という性別的な偏見のため、男子に対する以上の暴行にかりたてられたようです」

革命のロマンには酔わない

この赤瀾会の中心を山川菊栄や伊藤野枝とする本があるが、2人とも顧問格で実際の運動には参加していない。山川本人は、メーデーでまいたビラ「婦人に檄す」を執筆し、婦人問題講演会で話しただけと語っている。

その檄文も言葉は強いが、今から見ると突出した内容とは思えない。女は家庭では奴隷のような立場にあり、働いても賃金が安く、売春をさせられたりしていると指摘する一方で、男たちを戦争に駆り立てる体制を批判している。

しかし、当局の社会主義者への弾圧は激しく、赤瀾会も労働争議の応援に行っては検束され、講演会を開けば、臨検の警察官に「弁士中止！」と解散させられ、それを新聞が騒々しく書き立てて八方ふさがりになり、半年で解散してしまう。

目立つ動きをして警察に捕まり、新聞沙汰になる赤瀾会メンバーに対して、山川は距離をおいた。というのも、以前、社会主義に興味を持った女子学生たちが、山川と労働問題の研究会をしていたのを新聞が記事にしたことから、女子学生たちが退学させられるという事件があったからだ。山川は彼女たちの才を惜しみ、以後、出入りする女子学生たちに細心の注意を払うよう促した。専門教育を受ける女子が稀な時代、卒業して手に職をつけることを優先させた。革命のロマンに酔って、犠牲もやむなしとする体当たり的な運動には批判的だった。

21年の赤瀾会解散後、山川は東京女子医専（現、東京女子医大）の学生らと八日会（3月8日の国際女性デーにちなんだ命名）を結成し、1923年、日本で初めての国際女性デーの集会を実現させたが、彼女たちは全員卒業し医師になっている。

信じる道を愚かにへたに歩く

一方の九津見は赤瀾会の後、労働運動家の三田村四郎と結ばれ、労働組合のオルガナイザー

（組織者）として各地の争議に出かけ、産児調節運動にも携わった。次いで非合法共産党に入党して北海道でオルグ中の28年、検挙されて女性の治安維持法違反第1号となり5年間服役した。

夫の三田村は共産党の幹部として逮捕され、獄中転向していたが、九津見は出獄後、その夫を獄外から支えた。さらに日本を舞台とした大規模なスパイ事件として知られる「ゾルゲ事件」の諜報活動に参加したとして41年に逮捕される。懲役8年が確定して服役中に敗戦を迎え、釈放された。

九津見は戦前の女の政治犯としては最も長い獄中生活を送った。ゾルゲ事件に連座した理由を「唯一の社会主義国ソ連を守りたかったから」と語っている。16歳で出会った社会主義のために命を懸けたのだ。

戦後、社会主義を唱えることが弾圧の対象ではなくなり、山川は労働省の初代婦人少年局長となる。全国の婦人少年局職員室の主任に全員女性を任命するなど、年来の主張を実現していく。しかし九津見は、同じく刑務所から解放された夫がしだいに反共・労使協調の労働運動家になっていくのに黙って従った。知人らはその姿を「屈辱的」と見たが、言い訳もしなかった。非合法生活が長かったことからメモ1枚残さないスタイルを貫いた。

斎藤恵子は先の評伝『九津見房子、声だけを残し』で「覚悟をもって信じる道を愚かにへたに歩くしかなかった九津見房子」と評している。

わたしは、赤瀾会の女たちの列伝を書くために1972年から、当時健在だった会員たちに取材して歩き、『覚めよ女たち　赤瀾会の人びと』（１９８０年、大月書店）にまとめた。中心的活動家だった近藤真柄は著名な社会主義者、堺利彦の娘で、戦後は市川房枝の婦人有権者同盟に身を寄せた。当時の弾圧の厳しさを「とても今の方にはわかってもらえないでしょうが…」というのが口癖だった。それでも関係者を次つぎと紹介してくれた。

九津見は正座の膝を崩さず、わたしの質問に答えた。だが、なぜ転向した三田村を支えたのかといった機微にわたる問いには頑として沈黙した。検挙されたいつでも「知らぬ存ぜぬ」で通した人らしく歯が立たなかった。宗教者のようなおかしがたい雰囲気があった。

神奈川県藤沢市の山川家にもおじゃました。理詰めの女性論を十分に消化できないまま、おそるおそるドアをたたいたわたしを、山川は気さくな笑顔で迎えてくれた。

「あの頃はのんきな時代でございましてねえ」と、『おんな二代の記』の作者らしく、胸のつぶれるような話をひょうひょうとした口ぶりで語ってくれる。この楽天性と未来を信じる力が、困難な時代を生き抜く支えだったのだろう。『おんな二代の記』の最後に書いている。「人類の黄金時代は、過去にはなく、未来にしかありえない」と。

（２０２０年11月20日）

右翼と官憲に踏みにじられた初の女性デー

初の国際女性デーは１００年前

まもなく3月8日の国際女性デーが訪れる。近年は、この日に合わせて各地でさまざまな催しが行われてきたが、残念なことに、コロナ禍で去年に続いて今年（２０２１年）も、予定されていた多くの行事が中止になったり、オンライン開催になったりしている。

国際女性デーは、国連が定めた日であり、多くの国でセレモニーが行われている。女性解放と世界平和をめざし、グローバルな連帯を求める日である。しかし、なぜ3月8日なのか、日本ではいつから行われてきたのか、あまり知られていない。由来と歩みをたどりながら、女性デーの意義を考えてみたい。

国際女性デーの起源は、20世紀初頭にさかのぼる。アメリカ社会党の女たちが１９０４年８月、女性参政権の決議をしたのがきっかけ。１９１０年、コペンハーゲンで開かれた第２回国際社会主義女性会議で、ドイツの女性解放運動指導者、クララ・ツェトキンが、女性の政治的自由と平等のために闘う「国際女性デー」を提唱。世界で統一して３月８日に行うことになったのは21年の第２回国際共産主義女性会議（モスクワ）である。

　東京で初めて記念日の催しが開かれたのは、１９２３年だった。日本における国際女性デーの始まりがほぼ１００年前であるのに、今なお、ジェンダー格差が世界最悪であることは、この国の女たちがいかに、いばらの道を歩んできたかを

婦選会館で。右から九津見房子、近藤真柄、1970年頃

端的に物語る。

当時、日本の社会主義運動は政府による弾圧の対象だったが、社会主義フェミニスト山川菊栄のもとには、女性解放を希求する若い女たちが集まっていた。記念講演会の準備を進め、中心となったのは、「八日会」の女たちである。

その中には、21年に女性社会主義グループとして初めてメーデーに参加した赤瀾会の元メンバーがいた。赤瀾会は弾圧を受け、結成から1年足らずで解散していたが、東京女子医学専門学校（現、東京女子医大）の社会問題研究グループの学生たちや女性労働運動家らも合流していた。記念の講演会は、フランス文学者・小牧近江らの「種蒔き社」に頼んで、種蒔き社主催として、文学運動を装った。

23年3月8日、会場の神田基督教青年会館に人びとが集まり始めたところ、警察の圧力で突然、会場費の前払いを要求される。慌てて種蒔き社を支援していた麹町の有島武郎宅に人力車を走らせたところ、有島が財布ごと渡してくれたという。この頃の有島は社会主義に理解を示し、所有する農場を小作人に開放してい

佐々木晴子の女子医専卒業写真

た。記念講演会が開催できたことを喜んだが、3カ月後の6月、軽井沢の別荘で波多野秋子と心中して果てた。

佐々木晴子が偽名で演説

ようやく開会にこぎつけたが、会場にはサーベルをぶらさげた警察官の姿が目立ち、右翼（赤化防止団）も混じっていた。弁士は女ばかり8人。赤瀾会にいた矢部初子が、開会挨拶で国際女性デーの意義を述べ、続いて「婦人の職業生活の可否」と題する金子ひろ子の演説のさなかに混乱が起きる。『東京日日新聞』の報道によれば次のような状況だった。

金子が「婉曲にブルジョアを攻撃しプロレタリアを讃美しているまでは場内水を打ったように静寂であったが『共産主義のロシアの婦人は…』とそろそろ本音を吐き出し」たとたん、赤化防止団の男が「労農ロシアは婦人を共有にしたではないか」と言ったので、壇上の金子も負けていず、「あなた等は演説会をこわしに来たのですか」とやりかえす。

赤化防止団の一人が「うそつけ！」と怒鳴り、横にいた「主義者」（社会主義者や共産主義者らのこと）と格闘が始まり、「場内総立ちとなるや『待っていました』とばかり警官が『解散！』の声もろともドヤドヤ踏み込んで手当り次第聴衆を突き飛ばすように場外に押し出し文句をいうものは片っ端から検束して日本最初の国際婦人デーは開会後僅に30分7時30分混乱裡に解散」させられ、あとの弁士たちは演説できなかった。

以後、敗戦までの記念日に活動家たちの小規模な集まりはあったが、表立った動きはできなかった。

日本初の女性デーで熱弁をふるった金子ひろ子は偽名で、本名は佐々木晴子。女子医専を卒業したばかりだったが、演説会のあとは官憲につきまとわれ、運動と距離を置いた。仲間との音信も断ち、横浜市鶴見区で内科と小児科を開業する。戦時中は福島県白河の無医村の医師として過ごした。

戦後は「戦争未亡人」の会を立ち上げ、困窮している母子を救済する道をひらき、子ども図書館も設立した。70歳まで自転車で患者の家を往診して「町のお医者さん」として慕われた。山川菊栄やマルクス主義の本を所蔵し、その理由を尋ねても、人のものを預かっているとしか家族には語らなかったという。国際女性デーと関わり続けたわけではないが、地域の現場で若き日の理想を追い求め、着実に実践した。

（2021年3月3日）

沖縄は解放されたか

革命運動に身を投じた２人の夢

２０２１年５月15日は沖縄が本土に復帰して49年、来年は半世紀の節目となる。その日が来ると、思い出す人がいる。沖縄出身の社会運動家、仲宗根源和《なかそねげんわ》と妻の貞代である。琉球処分に始まる明治政府の収奪によって貧困に苦しむ沖縄の解放をめざして上京し、革命運動に身を投じた２人の夢の跡をたどってみたい。

仲宗根源和は１８９５年、沖縄本島北部の本部町《もとぶちょう》に生まれた。地域は貧しく、小学校も出ない少女たちが遊郭に売られてい

仲宗根貞代と源和、1921年頃

く。言語学者であり歴史学者でもある伊波普猷《いはふゆう》や比嘉《ひが》春潮《しゅんちょう》の影響を受け、小学校教師をしながら沖縄解放への思いを強めていく。折しも1917年のロシア革命に続いて日本でも18年、米騒動が起きる。明治の大逆事件で逼塞していた社会主義運動が息を吹き返し、その波動は沖縄にも伝わる。

源和は貧しさからの解放を社会主義に求めた。ロシア語を勉強し、ソ連に渡って革命の実際を学び、日本の革命を実現する。そうすることによって沖縄を解放することを夢見て、1919年に上京する。

源和の思想に同調してともに上京した妻の貞代は、彼と同い年。熊本県生まれだが父の仕事の関係で沖縄に移住した。本が好きで図書館に出入りするうち、女子学生たちに読書指導をしていた伊波普猷の自由主義的な考え方にひかれる。やがて小学校の教師になり、源和と出会って結婚した。

上京した2人は社会主義者の堺利彦《さかいとしひこ》の元に出入り

赤瀾会員、左端が堺真柄、右端が仲宗根貞代、1921年

し、機略と行動力に富んだ源和は堺の懐刀と言われるような革命家になっていく。当時の社会主義者に対する政府の弾圧は厳しかった。源和は21年、日本社会主義同盟の第2回大会の壇上で「革命」と大書した旗を振って検束される。さらに軍隊に向けて反戦を呼びかけるビラを配った「暁民共産党事件」で逮捕され、身辺は常に警察の監視下におかれた。当時、女性は政党に入れなかったため、貞代は日本社会主義同盟の事実上の婦人部として21年に結成された赤瀾会に加入。第2回メーデーの街頭デモに参加して解散地の上野公園で検束されている。

留置された上野署で警察官に「おまえらは子の守りくらいでちょうどよい。そしてきれいな着物を着ておられるのにそのザマはなんだ」とののしられ、「そのザマは何だと威張るけれど、資本家の飼い犬になっていながら、何の自覚もなく、偉そうにそり返っているそのザマは何だ」と言い返したと伝えられる。

メーデーのデモに参加したくらいで警察に捕まる。そんな行き過ぎた弾圧が、かえって反権力の意思を強固にしてしまうのはよくある例で、貞代も屈指の活動家になる。

革命運動から離脱

1922年に結成された非合法の日本共産党に、女性では貞代と山川菊栄、堺真柄《まがら》（利彦の娘）が参加していたと伝えられるが、23年に発覚して堺利彦や源和らが逮捕されたとき、女性3人は逮捕を免れている。関係者が秘密を守ったからだろう。貞代は23年3月8日の第1回国際女性デーの弁士にも予定されていたが、警察によって途中で集会が中止させられた。

前述した「暁民共産党事件」では、夫の源和や堺真柄らとともに逮捕され、禁錮4カ月の刑を受けている。23年9月1日の関東大震災のときはこの刑の執行中で、源和も貞代も獄中で激しい揺れに耐えた。このときは獄中でかえって安全だったともいえる。震災のどさくさでアナキストの大杉栄と伊藤野枝は甥の橘宗一とともに憲兵隊に惨殺されている。

その後、夫妻で再建共産党の合法機関紙「無産者新聞」の発行を手伝うなどしていたが、源和が共産党弾圧事件で獄につながれ、27年に出獄した後、夫妻とも運動から離脱した。源和は後の取材に、離脱の理由を、運動体の内部抗争に嫌気がさし「沖縄解放の希望を託した日本革命に期待がもてなくなったためだ」と答えている。

貞代のほうは半世紀過ぎた79年、訪ねて行ったわたしの問いに「何も皇室をなくそうとして社会主義者になったのではありませんから」と話した。当時の共産党が綱領に「君主制の廃止」を掲げたことを指すとみられるが、その頃のことはあまり語りたがらなかったから、真意は分からない。

夫妻は心機一転、出版社を興して『大南洋評論』、『鏡』などの雑誌を発行し、編集実務は貞代が受け持った。だが、運動を離れた気の緩みからか、源和が出入りしていた待合（会合などのための貸席業）の女将《おかみ》と親しくなったことから離婚に至る。

離別前後の貞代の行動について「それはそれは見事な引きっぷりでした」と、当時を知る人たちは証言する。父母すでになく、年齢の離れた弟を養っていた貞代は、運動の関係者や沖縄の知人たちの前から姿を消した。そして神戸で3年、住み込みで働き、ためた金を持って東京に戻り、大泉学園町に土地を買って弟とともに養鶏所を始めた。一時は2千羽以上の鶏やウズラを飼うほど繁盛したという。しかし、同じ東京に住みながら、親しかった堺真柄との音信も断ち、手紙の類いは一切書かず、外で文字を書く必要があっても居合わせた人に代筆してもらう徹底ぶりだった。熊本の老人ホームで堺真柄と感激の再会を果たすのは50年後のことである。

一方、源和は39年頃、沖縄に戻り、42年、沖縄で県会議員になって政界に進出した。戦後は沖縄の女性参政権の成立に関与し、沖縄独立論を唱えるようになる。

（2021年5月18日）

本土に先駆けた沖縄の女性参政権行使

仲宗根源和の戦後

今年（２０２１年）は女性が初めて参政権を行使した１９４６年から75年になる。敗戦まもない45年11月、女性の政治活動を禁じていた治安警察法が廃止され、12月には衆議院議員選挙法が改正公布され、女性参政権が実現した。そして翌年４月10日の第22回衆議院議員総選挙で、全国で83人の女性が立候補し39人が国会の議席を占めた。

しかし、本土より７カ月早く、沖縄の女性が参政権を行使していたことは、あまり知られていない。これに深く関わったのが、戦前、日本の革命によって沖縄を解放するという夢を抱いた社会運動家、仲宗根《なかそね》源和《げんわ》である。

太平洋戦争末期の沖縄戦は、日米双方で20万人、県民の3人に1人が亡くなる壮絶な地上戦だった。生き残った人びとは、米軍の上陸とともに本島各地の収容所に追いやられ、生きるためのぎりぎりの日々をしのいでいた。

8月15日、日本がポツダム宣言を受諾すると、沖縄の米軍は、県会議員らかつての指導者たちを集めて、米軍の諮問機関として「沖縄諮詢《しじゅん》会」を設置。諮詢会委員には15人（全員男性）が選ばれた。諮詢会は戦後沖縄の立法、行政機構の出発点と位置づけられている。

仲宗根源和は革命の夢を捨て、妻の貞代とも別れた後、沖縄に帰り、42年には県会議員になっていたので、諮詢会委員の1人となり、社会事業部長を務めた。諮詢会は各地の収容所を12の「市」として、市長と市会議員選挙を行うことになり、「地方行政緊急措置要綱」を定めた。その9条は「その市における年齢25歳以上の住民は選挙権および被選挙権を有す」とし、女性参政権を認めている。

諮詢会の会議では委員たちが当初、女性参政権は時期尚早として反対したが、採決結果は賛成11、反対1だった。米軍政府政治部長、マードック中佐の強い意向があったとされている。これに対し源和は、著書『沖縄から琉球へ』で、「アメリカは参考としていろいろ意見をいうが大体われわれの意見を尊重した」と沖縄の意志を強調している。実際、同書によれば、マードックが「顔を真っ赤にして」、源和は「テーブルをたたいて」激論を交わし、後腐れもなかったらしい。

9月20日、市会議員選挙が行われた。「女子も元気よく投票していた」「女子の棄権が多いと思ったが予想外の好成績であった」と「沖縄諮詢会記録」にある。中城《なかぐすく》村出身の中村信は、女性にも選挙権が与えられたから投票するように、と聞いたときは耳を疑ったほどで「感激いっぱいで投票した」（沖縄タイムス社編『私の戦後史　第7集』）と回想している。被選挙権も認められ、漢那《かんな》市から2人の女性が立候補したが、落選した。

那覇市総務部女性室編『なは・女のあしあと　那覇女性史（戦後編）』は、「戦後の暗いスタートのなかで、沖縄の女性たちに与えられたもっとも大きな栄光」、「戦禍で心身ともに傷ついたうえ、毎日のように起こる米兵のレイプ事件に怯《おび》えるという時勢のなかで、この選挙権の行使は多くの女性たちに希望を与えた」と記している。

５０年ぶりの再会

収容所から人びとが出身地にもどると、沖縄諮詢会の役目は終わった。47年、源和は沖縄民主同盟を結成して委員長になり「沖縄独立論」を主張、しだいに反共的な主張を強めていった。

一方、戦前に源和と別れて緒方姓に戻った貞代と病身の弟は、戦後20年たった頃、出身地である熊本県に家を建てた。東京で星製薬に勤めていた妹も戻り、3人の生活がしばらく続いたが、弟と妹に先立たれ、貞代は1978年、財産のおおかたを地元の赤十字や短大に寄付して老人ホームに入った。その年10月、源和が83歳で死去。

それを知った貞代は、それまでは世間をはばかるように生きてきたのに、短大に寄付をしたときに新聞の取材に応じるとともに、79年には革命を目指した頃の同志、堺真柄と50年ぶりの再会を果たした。また、わたしの取材にも応じ、生い立ちから現在の心境までを語ってくれた。貞代は源和に学者になってもらいたかったと明かした。お手本もあった。後に「沖縄学」を打ち立てる伊波普猷《いはふゆう》や比嘉《ひが》春潮《しゅんちょう》である。彼らは東京にいた頃、近所に住んでいた時期もあった。

彼らの糟糠の妻たちが貧乏に耐えて夫に尽くしたように、わたしも「あの人を男にしたかった」。だが、源和が待合の女将《おかみ》と親しくなったことで別れることになった。

「あの人が変なことをしないで、一人前の人間として死んでくれることだけを祈っていましたから、これでほっと安心しました」。まるでヤンチャな息子を案じる母のような口ぶりで、源和への執心を隠さなかった。それから2年後の81年12月、86歳の生涯を閉じた。

緒方貞代（左）と近藤真柄、50年ぶりの再会。1979年

２人が沖縄の解放をめざし上京して１００年余。沖縄は苛烈な戦争を経て、米軍の支配下に置かれ、復帰後の今も日米関係の矛盾を引き受けさせられている。全国の米軍基地の７割が集中し、米軍関係者による性暴力被害もなくならない。

そして今も、辺野古では県民の反対をおして基地建設が進む。戦後の米軍統治下よりも、沖縄の民意は軽いのではないか。経済格差は縮小したかもしれないが、復帰のとき人びとが望んだような平和で民主的な生活はまだ得られていない。

（２０２１年５月19日）

思想弾圧の先駆け(1)

「浪曼事件」が奪ったもの

今に通じる文化統制

コロナ禍で飲食店の自粛が問題になる一方、文化活動の停滞はあまり騒がれない。大きなイベントだけでなく、数十人規模の読書会やグループ活動が次々に中止になっている。わたしが関わっているささやかな集まりや勉強会だけでも、かなりの数にのぼる。

公的な施設が閉鎖されたり、人数や使用時間が厳しく制限されたりしている上に、住民が互いに監視しあっての自粛ムードも強い。国や自治体による文化統制のようでもある。

形は違うが、戦時下の思想統制とそのための弾圧を想起する。最大の弾圧は１９４２年に始まる横浜事件であろう。警察が出版人ら約60人を治安維持法違反で検挙、共産党再建をはかったとして事件をフレームアップし、敗戦直後のどさくさで有罪にした。刑事裁判の再審で「免訴」となり、国家賠償請求訴訟も提起されて、関係者による記録も多い。しかし、横浜事件の先駆けとされる「浪曼《ろまん》事件」については、あまり知られておらず、詳細は不明のままだ。同じ神奈川県警察特別高等課（特高）が指揮し、思想弾圧のテストケースにしたとされる。どんな事件だったのか。

　太平洋戦争開戦前夜の1941年11月17日、文芸雑誌『浪曼』の同人たちの家に特高警察が踏み込み、警察に連行し、厳しい取調べをした。しかし、検挙者の数さえはっきりしない。資料によって「21人」「三十数人」などとまちまち。獄死者も数人出た。

　『浪曼』発刊に至る前史を探ると、事件の1年8カ月前、40年3月11日の神奈川県の地元紙『横浜貿易新報』（後の「神奈川新聞」）の記事に行き当たる。記者が出征して人手が足りなくなったのか、「学芸欄を横浜文壇の進歩向上に資したいと提案」し、「ハマ文壇の精華、一堂に集めた盛会〝海港文学の会〟結成」と報じている。以後、ほぼ毎日、横浜貿易新報の学芸欄は、文学サークルの同人たちの発表舞台になった。中心は横浜在住の人気作家、北林透馬《とうま》だった。

　7月には2回にわたって「ろまん特集」があり、作

『浪曼』創刊号

家の望月義《よし》が「野上文雄」のペンネームで同人誌「ろまん」を創刊することになったいきさつを書いている。

漠とした不安な時代に青年たちが萎縮しているが、時代の波浪を乗りきるために、できるだけ多くの人が集って横浜の代表的な文学雑誌を作ろうではないか。そう呼びかけた。とはいえ、望月はかつて日本プロレタリア作家同盟に属していた作家だ。プロレタリア文学は労働者の過酷な現実を描き、資本主義にあらがうものだったから、普通の文学青年、文学少女は付いてこないと思ったのかもしれない。当局とのやりとりまで明かし、「県の特高課へ行って同人雑誌をさせてもらえるかどうか」聞いて、「真面目にやるならよろしい」という意向だったと述べている。

そして、9月には誌名を『ろまん』ではなく『浪曼』に変えて創刊号が出た。表紙は兵士の絵。「創刊の辞」も「われわれ、ペンの力に軒昂《けんこう》たる文化の精神をみとめる者たちは、微力なりとも、あたらしい力、あたらしい文化の建設に、ともに渾身の進撃をはじめようではないか」とあり、時局に迎合した主張と読める。

この間に「海港文学の会」は解散し、所属していた文学サークルの多くは「浪曼グループ」に吸収されるが、モダニズム文学の旗手である北林から、左翼作家望月への引き継ぎの理由説明はない。

『浪曼』はこのあと3号まで出して、4号（41年4月）で『神奈川文学』と改題するとともに「神奈川文化翼賛連盟」（文化部長は作家・島木健作）に参加したが、これが最後になった。4号のうち現存する3冊を見ても、官憲が問題にするような作品は見当たらない。同人は100人を越し、大半は左派とは関係のない文学青年・少女である。

それなのに事件は起きた。

19歳の文学少女も勾留

望月義と同居していた沢野たか子は、銀行の電話交換手をしていた。19歳の文学少女で、『浪曼』に短編小説を書いたり、編集を手伝ったりしているうちに望月を好きになり、家出同然に一緒に暮らして7カ月、望月とともに身柄を拘束され、別々の警察署に留置された。

本人の回想によれば、取り調べで「小林多喜二を読んだろう」と言われても名前も知らない。治安維持法という法律も聞いたことがない。39日後に釈放され、望月の差し入れに通った。望月は起訴され、44年末に懲役2年執行猶予3年で出獄したが、すぐに召集令状（赤紙）が来て戦地に送られた。

無事帰還して、戦後は夫妻ともに共産党に入党して文化活動に従事。望月が『ダライノール』、『卑弥呼』などを出版するのと並行して、夫妻で熱心に自然保護運動にも取り組んだ。「尾瀬の自

望月たか子、1987年

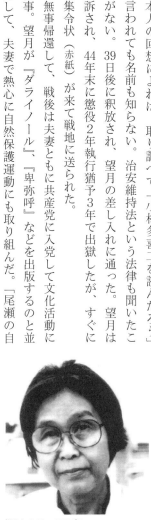

然を守る会神奈川県支部」を立ち上げ、機関誌『三平峠《さんぺいとうげ》』と『山ゆり』合わせて79冊を刊行している。

望月は85年に亡くなり、2年後に遺稿『横浜物語』が出版された。たか子（小説中では藤沢朝子）の視点で、ほぼ事実に即して浪曼事件前後が描かれている。当事者が書いた最も詳しい記録小説であり、突然検挙され、共産主義の宣伝をしたんだろうと責められた文学青年・少女たちの苦しみが伝わってくる。

たか子がインタビューで語っている（情報誌『有鄰』88年2月10日「『浪曼』事件のこと」）。

「『浪曼』事件で寿署に四十日間留置されて私は、戦争の前に、思想・言論の弾圧があることを知りました。素手でなま身の人間は、国家の権力、警察、監獄等で自由を抑えこまれたらとても弱い。すべての人でないとしても、十九才だった私は弱かった。どんなに多くの人々の羽搏《はばた》こうとする人生の大切な歳月を、若々しい清新な魂と肉体が、むごく扱われたか、それこそが『浪曼』事件と、わたしはいいいたい」。

（2021年7月27日）

思想弾圧の先駆け（2）

詩人篠原あやは、なぜ逮捕されたのか

絢爛たる娘時代

「浪曼事件」では、女性は望月たか子を含めて3人が連座した。新劇俳優で銀行に勤めていた小笠原静子と詩人の篠原あや（1917〜2016）である。

当事者たちの証言や記録が少なく、事件の詳細は不明だが、篠原あやは戦後、1966年から67年まで『横浜詩人会通信』に連載した「私の周辺」と題する原稿で、自身の体験を克明に書き残している。

篠原あやは戦後のペンネームで、本名は田中静子（結婚後の姓は「吉田」）。女学校卒業後、愛読していた雑誌『令女界』に投稿を重ね、35年秋に令女界の読者グループ「R・J・R（令女純情連盟)」の横浜支部を結成。男性読者も多かった姉妹誌『若草』のグループも含め、全国の読者500人と交流した。

横浜グループの同人雑誌『紫苑』も刊行。フルーツパーラーに集い、ピクニックを楽しみ、ハマっ子作家北林透馬の指導を受け、透馬の自宅で開くクリスマスパーティーにも招かれた。「絢爛たる娘時代」だったと回想している。

透馬に誘われて「海港文学の会」に参加。篠原は女性グループのリーダーとして、『横浜貿易新報』に「田中佐和子」のペンネームでたびたび詩やエッセーを寄稿している。この「海港文学の会」が「浪曼」グループに吸収されていく。

郵便局に勤めている男性と結婚して30日目の41年11月17日、寝起きに特高警察に踏み込まれ、「ちょっと署に来てくれ」と近くの大岡警察署に連行された。署に留め置かれ、日本が米国との戦端を開いた12月8日にも取り調べを受ける。「私の周辺」には刑事との一問一答も再現されている。

「今日はなにがあったか知っているか」「えゝ」「この非常時にこんなとこにいて恥しくないか」「恥しいです」「じゃあ何でもしゃべるんだぞ。共産主義を信奉してるんだろ」「いいえ」「天皇陛下は資本家だからそれを廃そうというんだな」「天皇は神聖にしておかすべからずですよ」「それじゃあ天皇は別にして他の資本家か」「私の実家は資本家ですよ」「コミンテルンって知ってるか？　マルキシズムは」「いいえ、それなんですか」「検事勾留って知ってるか」「いいえ」

刑事は新聞の学芸欄（40年7月20日）に発表した詩「光芒」に焦点を定める。次のような詩だ。

「ずたずたにちぎられ／雲は／次第に消えた／あと―／まつさをな容器に／すさまじい　勢ひで光があふれる／ひとすぢ／ふたすぢ／はては／数へきれない／ひかりが／こぼれてくる／サン・ルームに微笑む／いくつかの貌ひとつひとつ／滅んでゆく結核菌」

　結核を患ったときのイメージだと読めるが、刑事が問いつめる。

「この『ひかり』という題の詩は、雨雲というのが資本主義で、太陽は共産主義なんだな」「そんな読み方されたら何だってそうですよ」

　わたしは1995年に初めて篠原に取材した。「いきなり捕まってびっくりなさったでしょ？」と問うと「びっくりしたなんてもんじゃない。何が何だかさっぱりわからないんだから」。

　それはそうだろう。少女たちの「令女純情連盟」から、誘われるままに「海港文学の会」、そして雑誌

北林透馬（後列）宅で、前列右から北林余志子、1人おいて篠原あや

『浪曼』の同人になり、婦人班の班長に推されて得意になっていた。一転して薄っぺらなござ1枚の冬の留置場に放り込まれて涙に明け暮れ、支給される弁当がのどを通らない。「さてはハンストか」と特高連中が色めき立ったというから、よほど大物に思われたらしい。

しかし、新婚家庭からまだ荷ほどきしていない本や手紙などを押収して洗いざらい調べても、警察がでっちあげようとしている共産主義思想に当たるものは何もない。それでも「私は共産主義を信奉するものであり、今後は転向し、真面目な日本国民となる事を誓います」という意味のことが長々と書かれた調書に母印を押して、39日目にやっと釈放された。

気づかぬうちに抑圧される自由な表現

戦後、篠原は横浜の文芸復興を呼びかけた北林透馬、牧野勲らとともに、「篠原あや」の名で、旺盛な表現活動を再開。いくつかの同人誌を経て、55年、詩誌『象《かたち》』を主宰する。「象」は森羅万象の意で、50年間で115号を送り出し、若い詩人を育てた。詩集も『紫陽花』、『日々の証』、『歩みの中で』などがある。

詩人としてだけでなく、戦後横浜文壇の世話役として横浜ペンクラブや横浜詩人会などを裏で支えた。酒豪で懐が深く、横浜文壇の「肝っ玉かあさん」と呼ばれた。

『象』に発表した「大岡川」連作15編の中で何度か事件をうたっている。大岡川中流の大久保橋のたもとにある住まいから、そう遠くないところに横浜刑務所がある。起訴されてここに収監され獄死した人がいる。「大岡川（11）」から一部を引用する。

「それが／私にとって俄かに身近かになる吹き荒れた一陣の風／理不尽にも／いくたりもの友人は獄中に引き込まれて行った／突然訪れた不安に戦《おのの》き／夫の身を案じ訪れる妻たちの往き帰りの川縁／川の辺りに座り込み眺めた野の花の話／摘《つ》めなかったのよ／可哀想《かわいそう》で／元井庄二夫人の涙ぐむ眼／川の水に何を語ったのか／ひとり／またひとり　と。／釈放は／死　と　出征との道しか残されていなかった」

元井庄二はプロレタリア作家。「またひとり　と」「死　と　出征との」という詩句の間に置かれた空白に、慟哭《どうこく》と憤りがこめられている。詩はこう結ばれる。

「そして／あの日々が確実に存在していたことの意味を／私はいまも／自らの心に／問い掛けている」

それと気付かぬうちに自由な表現が抑圧されることがある。そのことへの気づきを促しているのではないか。この詩を書いた96年、篠原は横浜刑務所の篤志面

晩年の篠原あや

接委員として受刑者に詩作の指導をしている。物理的な自由を奪われても、魂の自由は奪われてはならない。あらためてそう思う仕事だったのではないか。

「象」の編集後記には毎号、ときの政治家の言動や社会現象に鋭い批判を書き付けている。コロナ禍で自由な文化活動が制限されている今、篠原が生きていたら、なんと言うだろうか。

（2021年7月28日）

港の別れ
横浜時代の福田英子

英子と三四郎

港、別れ、横浜……とくれば、演歌か和製ブルースの世界で、近代女性解放運動のトップランナーだった福田英子には似つかわしくないと思われるかもしれないが、実際にあった話である。景山英子（旧姓）こと福田英子が、愛人の石川三四郎とともに、元号が明治から大正に変わる頃、横浜市で2カ所に住んでいたことを知って、その住まいの跡をつきとめたいと思った。残されている書簡類から当時の住所を調べるなどして資料を揃え、1992年6月、横浜市中区と磯子区の法務局で土地台帳を閲覧し、現在の住居表示とつきあわせた。その足で2カ所の現場に足を運んだ。当時とはすっかりさま変わりしてしまったその地に立ち、車の騒音を縫ってかすかに伝わってくる潮騒に耳をすませながら、はるかなる人の苦闘と悲しみに思いを馳せた。

二つの場所で、ほとんど偶然ともいえる巡りあわせで、土地の古老にお目にかかることができ、貴重な話を聞かせてもらえたのは、足で歩く調査の醍醐味である。いつか書きたい人の一人に数えながら、なかなか果たせないでいる英子への思いの一端を、ここに書きとめておく。

石川三四郎の「年譜」（『石川三四郎著作集』四巻、草土社、1977年）によると、石川は、1911年3月24日、渡辺政太郎と大和田忠太郎を訪れ、5月2日頃から横浜市根岸町芝生2194番地に移り、「宿痾の気管支炎治療に専念するかたわら、著述、翻訳に専念する」とある。大和田は横浜平民結社、あけぼの会会員で、横浜の社会主義者の草分けである。

ところで、この年は社会主義者にとって受難の年だった。前年の5月から始まった大逆事件の大弾圧で、幸徳秋水、管野すがら在京の社会主義者をはじめ、地方同志まで根こそぎ逮捕され、そのうちの26人が起訴。一審にして最終審の秘密裁判で24人が死刑判決を受け、翌日には半数が無期懲役に減刑されたものの、一週間後の1911年1月24日に幸徳ら11人、翌日に菅野が死刑になった。天皇暗殺を企てたという容疑だが、ほとんどの人は無実で、近代における最大のフレーム・アップ事件とされている。

桂太郎内閣が社会主義者を根絶するために仕組んだことだが、このあと運動はいわゆる「冬の時代」を迎え、生き残った運動家たちもちりぢりばらばらになった。石川は、福田英子とともに発行していた『世界婦人』の発行兼編集人であったため、『世界婦人』38号（1909年7月刊）

の筆禍事件で四カ月間入獄。出てきてすぐに大逆事件の容疑者として取り調べられるが、からくも逃れ、幸徳らの死刑を予想して死刑廃止運動を起こそうとするが、かなわず悲惨な結末をみたのだった。死臭ふんぷんの東京から落ちのびた先が、横浜根岸の海岸だったということになる。石川はのちに『自叙伝』の「横浜生活」の章で、次のように回顧している。

「明治四十四年夏、私は呼吸器の病気を癒すために横浜の根岸海岸に一小家を借り、クリスチャンの同志大和田忠太郎君のところで食事の世話になり、毎日海に入り、河童のような生活を続けながら翻訳などをしていました」

呑気そうな記述だが、英子の消息を伝える筆致はきびしい。

「明治四十五年の夏には、福田姉一家が東京角筈の家を引きはらって移転してくることになりましたが、それには同志渡辺政太郎君が容易ならぬ助力、骨折を寄せてくれました。そして悲喜劇を演じながら兎も角も無事に移動が出来ました。貧乏の結果借金取りの包囲に会って家財の運搬など思いもよらぬ有様であったのを、渡辺君が一切引き受けて始末をつけてくれたのです。丁度その時、私の家主がその邸宅を療養所に改築するため、同じ家敷内にある私の借家を引き払う必要を生じ、私に引越しを要求してきました。

『妾の半生涯』の口絵より、
1904年頃の福田英子

その代り、小路一筋へだてたすぐ隣りの大きな家を提供するというので大喜びでそこへ福田一家と共に転居しました」

石川三四郎は、英子の夫福田友作の生前に福田家の書生のようなかたちで住み込み、英子を「姉」と呼ぶようになっている。友作が三児を残して1900年に病死したあと、英子は角筈女子工芸学校をおこし、石川は東京法学院を卒業し、2人でキリスト教に近づき、さらに幸徳秋水、堺利彦らが日露戦争に反対して平民社をおこすと、2人とも平民社の活動に参加するようになった。1865年生まれの英子と76年生まれの石川は、11歳の年齢の開きがある。しかも、英子は子持ち。その壁を越えて2人は「いつのころからか事実上の夫婦関係にまで発展した」と、村田静子は『福田英子』(岩波書店、1959年)に書いている。実際、平民社の同志たちのあいだでは公然のことであったようだ。平民社があいつぐ弾圧で解散すると、石川はキリスト教社会主義を標榜して『新紀元』を創刊、英子が手伝う。『新紀元』が廃刊になると、今度は英子が『世界婦人』を創刊して、石川がその手足になるというふうに、二人の息はぴったりあっていた。

英子の最後の大仕事ともいうべき『世界婦人』が創刊されたのは1907年1月。「本誌は日本に於ける婦人運動の先駆也。本誌を読まざるものは真の婦人に非ず」と刷りこんであって、英子の気概を示す。誌上では女の政治上の自由獲得と恋愛の自由の主張に力を入れるとともに、女の政治活動一切を禁じている治安警察法第5条の改正運動にも乗り出している。鉱毒の谷中村救済運動にも熱を注いだ。

しかし、たびたびの発禁と罰金刑で資金が行き詰まっているうえに、前述したように28号の掲載記事が新聞紙法違反で告発され、罰金刑プラス石川の入獄という事態にいたり、英子が最後の情熱を傾けた『世界婦人』は、この号限りで発行禁上に追いこまれる。そこへ大逆事件が発生した。

出獄した石川は、東京府下角筈738番地の英子方に戻り、11年年頭の田中正造宛の年賀状の文面は、英子と三四郎の連名で「賀正」とのみ。余白に2人の無念が読める（『唐沢隆三編『福田英子書簡集』ソウル社、1958年）。このときすでに2人とも収入の道を断たれている。石川が書いているように、さだめし家計は火の車であったろう。つぎつぎと同志が地方に落ちていき、寂しくなった東京に頼る人もなく、英子が石川を杖とも柱とも頼んで、あとを追ったのもしかたがない。その時期を石川は、前掲書で「明治四十五年夏」と書いているが、これは勘違いであろう。「年譜」には、英子の横浜への移転は12年秋頃となっている。また、12年年頭の島田宗三（谷中村の住民で、

平民社の女性たち、
前列左から2人目福田英子、少女は堺真柄

田中正造とともに鉱毒問題に奔走した人）宛の年賀状には

賀正　漂白中御疎音を謝す　壬子元旦　横浜、根岸海岸

芝生　石川三四郎　福田英

度々御通信ありがたう

（『福田英子書簡集』）

とあり、11年中に英子が横浜に移転していたのはまちがいない。とりあえず英子は石川の根岸町芝生２１９４番地の家に転がりこんだのだろう。さらに前掲「年譜」には、石川が芝生２１９１番地の家に移るのは12年6月12日とあるから、石川の書いているような事情で、福田一家もいっしょに移転したものとみられる。

英子は、大井憲太郎とのあいだになした男児を4年前に手放して、満州の父のもとへやっている。福田友作とのあいだの3児のうち長男は早くに友作の実家に養子として引きとられているから、このとき英子が連れて行ったのは、２男の侠太と3男の千秋の２人だったはず。

芝生の海岸で

根岸線根岸駅のホームに立つと、大船方向に向かって左側は、はるかかなたまでＵＦＯの基地と見まがう石油コンビナートの連なり。右側は、高層のマンション群が林立する。背後の小高い丘には、ユーミンの「海を見ていた午後」ですっかり有名になった「ドルフィン」に今日も若い

カップルが車をよせる。

英子たちが去ったあとの１９１６年11月発行の「横浜市全図」を見ると、芝生から滝之下、加曽にかけての海岸線からかなり沖合まで「埋立地」と記入され、すでに埋立計画があったことがわかる。実際に埋立てられるのは戦後のことだが、それまでは、この駅のホームも、線路に沿ったマンション群のあたりまで海だったはずである。芝生は「しばう」とルビがふってあり、土地の人は「しぼう」と発音する。その頃はのどかな漁村であった。

駅の改札口を背に、駅前バスターミナルを左手に見ながら50メートルほど直進すると、交通量の激しい本牧通りにぶつかる。この道を向かい側に渡ったところが、英子たちが最初に住んだ根岸町芝生２１９４番地である。ここの住居表示は一度、中根岸町２丁目８５番地となり、さらに現在は磯子区東町６番11号（あるいは12号）で、現状は通路になっている。書店の人っているＡＳビルとクリーニング屋のあいだの通路で、その奥は神奈川県衛生看護専門学校になっている。この通路上に家が建っていたと思われる。

２１９１番地は、中根岸町２丁目59番地と58番地に分筆され、さらに59番地は１９９１年現在では東町９番27号の新井修一方となり、58番地は不明である。新井修一方は本牧通りに面したしもたやで、この位置にあった家が２番めの住まいだったに違いない。

例の通路を通って、一筋うしろの小路に入ると、家こそ新しいものの、小路のたたずまいには昔の風情が残っている。50メートルほど西に大聖院という寺があり、参道の入口に東町町内会館が建っている。前を通ると、中に老女ばかり6人、菓子袋を前にくったくなさそうなおしゃべりの最中である。ちょっとオジャマムシになる。

聞けば、101歳に、94歳に、この地の生き字引のような老女たちである。101歳はよそから「嫁」に来たそうだが、94歳の岸さんは、「ここで生まれて、ずーうっとここにいるのよ、市役所だって何だって古いことはみーんなわたしのところに聞きにくるわよ」という闊達な人で、記憶の底をかきまわして、いろいろ思い出してくれた。

それによると、この辺には石川姓が多いが、社会主義者の石川には記憶がないという。だが、石川の世話をした大和田忠太郎は知っていた。「耶蘇」の先生で日曜学校をやっており、日曜日には岸さんも行って讃美歌を教えてもらったり、クリスマスにはカードをもらったりして楽しかったという。家主だったと思われる新井家は、この一帯の地主で、新井牧場を経営していたともいう。そういえば、このあたりは牛乳業の発祥地としても有名なところである。

芝生での二番めの家は、3階建ての広い家で、東京からの客も多かった、と石川は前掲書に書いている。堺利彦夫妻や逸見斧吉夫妻も姿を見せている。石川は夏のあいだは終日海につかり、英子も貧しいながらも、海の幸もあれば牛乳も手に入りやすい環境で、つかのまの平安にほっとしたのではなかろうか。しかし、理由はわからないが12年10月15日には、福田一家も石川も根岸町竹の丸へ転居する。

海を臨む高台で

海辺の芝生から高台の西竹の丸までは、直線距離で約1・7キロメートル。不動坂を登り、根岸森林公園（明治時代には、根岸競馬場）を左手に見ながら、山手本通りを旧居留地のほうに向かって歩く。現在の山元町1丁目のバス停留所の右側の崖上に「赤病院」と呼ばれた横浜慈善病院があり、その前を迂回して横浜訓盲院のほうに行く小路に面したところに、英子たちの2番めの住まいがあった。当時の住所は根岸町字西竹之九3178番地。土地台帳に3178番地は見あたらなかったが、3179番地が近藤喜一方になっていたので、近藤方をめざした。

様子を聞いてみようと思い、広い庭と立派な家構えの近藤喜一さん方のベルを押すが不在。隣家のやはり近藤姓の伊平さん方のベルを押したら、老女が現れた。近藤アキさんで、この人がなんと1902年生まれの91歳だそうだが記憶力抜群で、あれこれ尋ねるのに実に歯切れのいい答えがかえってきて、30分余りも玄関で立ち話をしてしまった。

近藤さんは、この地に生まれて育ち、結婚したが不縁になって戻られたそうで、父親は手広く西洋野菜を栽培していたという。横浜が開港してまもない頃、居留地のイギリス人が西洋野菜の栽培を始め、土地の人である清水辰五郎、近藤伊勢松らがその有望性を知って種子を手にいれ、熱心に栽培したのがはじめで、やがて広く普及したと『横浜中区史』に書いてあるが、この伊勢松さんがアキさんの父親だそうだ。アキさんの話では、ずっと訓盲院のあたりまで近藤家の畑で、アスパラガスなどの西洋野菜を栽培していて、収穫して籠に背負い、山下町の八百屋におろしに行き、そこから郵船など外国航路の船に積みこまれたのだという。

近藤家は大きな農家だったが、道を隔てた向かいの家は富家という姓で、夫が日本人で妻がアメリカ人のカップル。「あいのこ」が2人いて、山手教会に連れて行ってもらったこともあるという。この家は大きな西洋館だったが、地所の端に4軒、1戸建ての借家を持っており、そこの端から2軒めに社会主義者が住んでいたことがあると、近藤さんは記憶している。

「名前は覚えていませんが、確か社会主義者がいました。今はどうってことはありませんが、あの頃は社会主義者というのは大変なものでしたよ。おまわりさんがずっとついててね、夜帰ってくると、そこら辺の道にポッポッと火がついてるの。何かと思ったら刑事が坐って煙草を吸ってるのよね、冬でもそうでした。子どもでしたから怖かったですよ。出かけるときは私服がついていきましたね」

大逆事件のあと、政府はますます社会主義者への監視を強め、警視庁が特高制度を始めて社会主義者を甲号、乙号、丙号、丁号に分類し、その程度に応じて視察した。石川も福田も、「特別甲号要視察人」に指定されていたから、常尾行は当然であったろう。

金の入るあてもなく、どうやって暮らしていたのだろう。ここから近い石川中村町には旧知の石川雪子がいる。雪子とのつきあいは、谷中村救済運動の同志としてである。1906年12月から翌年2月まで福田家に同居して、『世界婦人』の創刊を手伝った九津見房子が思い出を語っている。

「わたしにわからないのは、横浜の石川中村町というところの石川さんという女の方のところに手紙をもって、借金のお使いに行ったことです。この人も女傑らしい、福田さんと同い年くらいの方でした。そのころのお金で50円は大金ですよ、おかりしてきました。「大変だね」っておっしゃって天ぷらそばを二つ出して下さったのです」（牧瀬菊枝編『九津見房子の暦』思想の科学社、1975年）

島田宗二も石川雪子のことを「横浜の物もちの未亡人」（『福田英子書簡集』）と書いているから、経済的に余裕のある暮らしをしていたのだろう。この人に援助を仰いだのかどうか。こんなこともあった。竹の丸に引っ越してまもない新居に、12年の暮には田中正造が訪ねてきて、年越しをする。正造は日記に「丑年正月1日、2日、横浜根岸竹の丸婦人慈善病院の上隣、福田、石川両氏を訪うて宿す」と記し、三四郎も、

「一家一族が大喜びで、翁を迎えたので、翁はとても嬉しそうに、懐から十円札を一枚出して、『これで皆さんと一緒にお正月をさせて、おくんなんしょ』というのです。われわれに対する翁の愛情の深いのには、いつも感激させられました。横浜まできてお正月をしようという翁の心の中には、貧困の極にあるわれわれがこの年の瀬を如何にして越しうるか、という心やりもあったのでしょう。無一物の翁なればこそ、無一物のわれわれに同情が持てるのです。私は何時もながら真心から翁に感激しました」（『自叙伝』）

赤い絹糸にこめた思い

貧乏はつらいが、愛する石川とともになら耐えるのも張りあいがあったろう。しかし、若い石川はやがて、英子のもとを去ってしまう。時代閉塞の状況の中で、出版した『西洋社会運動史』も警察に差しおさえられ、活動に行きづまった石川は、ベルギー領事館の知人の好意にのって、ベルギーに亡命するのである。1913年2月1日、フランス船ポール・ルカ号で横浜を出帆する。貧しくも慌ただしい出立で、旅装さえ知人からもらった古着でととのえるというありさまだった。

「別れを惜しんで、有楽座の『アルト・ハイデルベルヒ』を見物させてくれた堺君は、私の乗船の日にもわざわざ横浜まで出て来て見送ってくれました。乗船に当り、遠方に行くのに懐中時計を持たないのは心細いというので、堺君は自分のニッケル側の時計をポケットから出して贈ってくれました。しかし鎖が無いというので、福田英子姉は赤い絹糸をない合せて紐を拵えてくれました。総てこんな具合で全く変てこな旅人がションボリと外国船に乗込んだのです」（石川三四郎前掲書）

異国に旅立つ愛人に満足な支度もしてやれない英子の心中はいかほどだったろう。急ぎない合わせた赤い絹糸だけが、2人を結ぶえにしである。だが、糸はやがて陽に褪せ、すりきれるだろう。遠く離れた2人のあいだも日に日に疎遠になっていく。
三四郎が去ったのちも英子は、なおしばらく高台の海の見える家にとどまり、自分の窮乏もかえりみず、谷中村の救援に心を尽くすが、まもなく田中正造も病に倒れ、13年9月4日に永眠する。英子の落胆は深かった。やがて石川や田中の笑い声が響いた根岸竹の丸の住まいを引き払って、東京府下滝野川村へ転居する。村田静子の『福田英子』巻末の「略年表」によると、その時期は1914年2月頃である。
この頃島田宗三に会った英子は、「私はもう過去の人になってしまったからダメですよ。若い人はいいですね。これから恋ができますからね」といいながら、「此頃私の詠んだ歌です」とつぎのような歌を披露したという。

若き人よ恋は御身等の専有ならじ五十ぢの恋の深さを知らずや
結局は肉をさがすと云ふなかれ恋は心のとこしゑなれば
君を恋うて睡りもならぬ真夜中にかなたの空にほとゝぎす啼く
我が病むをメランコリーと人はいふ長生きすれば恥多きかや
（島田宗三「福田さんと田中翁と私」『福田英子書簡集』所収）

英子と三四郎の関係について、村田静子は『福田英子』で英子の片思い、と受けとれる書き方をしている。たしかに、ほぼ同時期に石川の詠んだ歌にこんなものがある。

花散りて春逝いて又人老いて酔覚めの朝聞くほととぎす

流れ来て早や一歳をさすらひぬ芝生の浜に身は餓ゑもせず
舌に飽きし肉強いらるる心地する思はぬ人の寄り纏ふ時

（『石川三四郎著作集』青土社、１９７７年）

両者の歌を比べ読めば、英子の片思いを三四郎が迷惑がっているように受けとれるが、お互いのことをさして詠んだとは断言できない。

しかし、石川の亡命は、社会主義者にとって手も足も奪われた状況からの脱出、という理由のほかに、英子から逃れる目的もあったのかもしれない。石川は最初のうちはこまめに英子に手紙を出しているが、やがてそれも少なくなり、１９２０年10月に帰国し、堺利彦ら社会主義者が帰国歓迎会を開いたときには英子は顔も見せていない。英子が亡くなるのは、それから7年後の１９２７年である。

（『史の会研究誌～時代のうねりを見つめて～』第二号、１９９３年）

石川雪女覚書

谷中村の一坪地主になる

足尾銅山の鉱毒被害は、田中正造が世論を動かして知られるようになり、被災民救済運動が東京と横浜で大きな流れになった。この中に横浜の石川雪（雪子とも書く）がおり、おおかたが運動から手を引いたのちも、支援の裁判闘争を貫いた人である。

足尾鉱毒問題に横浜のキリスト者と社会主義者が深く関わったことは、齋藤秀夫の論考があり（「足尾鉱毒被災民救済運動とキリスト者」『横浜上原教会史料Ⅱ　百年史ニュース第21号』１９７０年）、上原教会の前身の蓬莱町教会の信者であった石川雪についても触れているが、あまり知られていない人なので、わかったことを書きとめておく。

救済運動最盛期の1901年から翌年にかけ、横浜の教会では田中や島田三郎らの演説会がしばしば開かれ多くの義捐金が寄せられた。クリスチャン女性たちが中区西竹之丸に開設した横浜婦人慈善病院（通称、赤病院）では鉱毒被災患者を連れてきて治療を施している。基督教婦人矯風会横浜支部会員の石川雪もこの病院の支え手で、「家庭の事情から煩悶」しているとき、病院経営にあたっている稲垣壽恵子の導きでキリスト教を会得したとしている（森和平編『露香』1929年）。

しかし、日露戦争を境にクリスチャンの多くは手を引き、社会主義者も政府による弾圧や分裂で支援どころではなくなる。一方、政府と栃木県は谷中村を遊水池にして廃村にする事業を着々と進め、田中と谷中村は孤立する。ここで立ちあがったのがキリスト教社会主義者の石川三四郎と福田英子で、田中の活動を「権力対人道」の問題ととらえ、田中の要請に応え、谷中村の土地名義人になる。いわゆる一坪地主運動で、これに雪も加わる。

福田が雪と知り合った事情は不明だが、1906年8月25日、福田と雪は中学生の次男を連れて谷中村に出かけた。田中の案内で堤防を破戒された村内を歩いた雪は、雑誌『新紀元』（12号・06年10月）に「思ひ川の風浪」を寄せている。

「実にや破堤の惨状、悪水溢れて陸を浸し、瘦田水底に葬られて稲苗浸し、泥水波濤を起して民家の床を打つの状、目もあてられぬ計りなり。見渡せば残牆傾き破れたる廃屋の跡ある小塚は、点々指呼の中にあり、翁指して曰く、是れ政府より買収されたる家の跡なり、当時の八ヶ村が合併して谷中村一村となり、「戸数四百五十ありしが今は僅かに廿七戸を存するのみと、涙ながらの物語に、妾等も思はず暗涙に袂を濡ほしぬ」と描写しており、このときの衝撃が息の長い支援につながったと思われる。

10月、雪は谷中村の住人から土地3畝23歩を4円17銭で購入した。田中ら地元民15人以外は福田、石川三四郎、幸徳千代、逸見斧吉ら社会主義者8人で（『原敬関係文書』第八巻）、雪のみ異質である。田中の後継者の島田宗三は「石川雪子さんは福田女史の友人で、横浜の物もちの未亡人、女史と共に屡々谷中を見舞われた特志家である」（唐沢柳三編『福田英子書簡集』1958年）としている。雪は石川仙之助の後妻で、谷中村に伴った中学生は連れ子である。土地を購入したときには支援者である夫は在世しており、雪は夫の代わりに名義人になったが、11月22日付田中宛石川三四郎書簡には「横浜の石川氏良人急に死去せられ大打撃に御座候」（唐沢柳三編『石川三四郎書簡集』1958年）とある。

07年、福田と石川三四郎は、二人三脚で『世界婦人』を刊行し、女性問題と谷中村問題に力を入れ、雪は金銭面で応援する。一方、内務大臣原敬が谷中村の土地収用認定公告を出し、栃木県の土地収用審査会が土地収用を採決。これに対して田中、福田、雪ら5人が、「旧谷中村ノ土地収用ニ対スル意見書」を栃木県収用審査会に、「土地収用法適用ニ関スル訴願書」を内務大臣に提出。残留の十数戸も強制破壊されると栃木県相手に「土地収用補償金額採決不服の訴」（不当廉価買収訴訟）を行った。雪は原告32人のうちの1人で、請求額は79円25銭3厘。

1910年、大逆事件が発生し社会主義者12人が死刑になる。かろうじて冤罪を免れた三四郎は、11年5月、横浜根岸海岸に逃れた。福田が子ども連れで合流し、翌年4月には西竹之丸の横浜婦人慈善病院そばの借家に落ち着いた。2人とも警察の特別甲号要視察人に指定されて常尾行のつく身で収入のあてはなく、雪が生活を援助したとみられる。

不当廉価買収裁判は12年4月の一審判決を不服として東京控訴院に控訴。13年3月、三四郎がベルギーに亡命、9月、田中も病んで死ぬ。東京に戻った福田は谷中村復活運動を呼びかけたが同志も去った。不当廉価買収訴訟は、一審から14年後の20年10月に判決が出て勝訴したが、遊水池に沈んだ谷中村が戻るわけではなかった。

谷中村を支援する雪が誹謗中傷されたと、07年7月14日付福田宛田中書簡にある。「近日来新聞紙上におゐて石川女史の言行宜敷からぬとの記事続出せりとの由驚き入候」で始まり、「石川女史あゝ可憐、未だ社会の暗潮を御存知なく、或は風波に襲はれ、或は此怒涛に沈没せる難破船にあらざるか、悲歎無限に相感じ候」と、世間知らずの雪に強く同情し、「鉱山派」の同志離間策だとしている。

石川雪の墓

雪が谷中村の土地名義人になったときの住所は、横浜中村町1078番地だが、「土地収用法適用ニ関スル訴願書」の住所は、横浜市老松町5番地5号に変わっている。横浜市南区中村町の釈迦堂墓地に墓がある。中村川沿いの路地奥の住宅密集地である。

10年ほど前、「史の会」の中積治子さんと見に行った。墓所の入り口がわからず、背丈より高い斜面を「ここで落っこちたらみっともないわねえ」と言いながら土まみれで這いずり登ったが、2017年2月、現状確認のため再訪した。100坪ほどの墓所はすべて石川家のもので、石川家の由来を記した2㍍余の石碑に戦国時代からとあり、源頼朝とのつながりなどが刻んである。全部で100基近くあり、元禄時代に建てられた墓もある。3区画のうちの真ん中に雪の墓がある。以前は、単独で小ぶりの墓石があったが見当たらず、新しく建てられた「石川」と彫ってある墓石に「先祖累代之墓」とあるから、ここに合葬されたようだ。墓誌には6人の名が刻んであり、「石川雪　昭和17年4月4日　76才」とあり、1866年か67年生まれと推察される。仙之助の墓は単独で脇にある。

戦前は田中正造や社会主義者に対する世

横浜市南区中村町の石川雪の墓

間の観方は今日とは異なり、一般の人からは近寄るのが憚られる存在だった。雪に対する身内の評判は悪いと聞いたが、周囲の評判を気にせず、弱者の側に身を寄せ信念を枉げなかった姿勢を評価したい。

（『横浜郷土研究会の60年　年誌と文集』２０１８年）

II

原爆被害を告発し、記録する

栗原貞子の予言のような言葉

ヒロシマ、ナガサキ、フクシマはひと続き

「広島と長崎の原爆を生き延びた被爆者の方々は、ここ日本のみならず、世界中で、平和と軍縮の指導者となってきました。彼らが体現しているのは、破壊された都市ではなく、彼らが築こうとしている平和な世界です」

2018年8月9日、長崎原爆忌に出席した国連事務総長はこう述べて、被爆者の苦しみを理解し、核兵器禁止条約を全面的に支持するとした。その発言に核廃絶への希望を託したいが、安倍晋三首相は無情にも、条約は「安全保障の現実を踏まえていない」と批判、不参加の考えを改めて鮮明にした。

原爆忌の報道に隠れて目立たなかったが、もう一つ見逃せない動きがあった。広島の北隣り、島根県の松江市で建設中の島根原発3号機について、中国電力が新規稼働に向け、原子力規制委員会に審査を申請した。今夏の異常な暑さの中でも電力需要に余裕があるのに、なぜ新たに稼働させなければならないのか。政府は今後、30基程度の再稼働を目指しているという。

原爆と原発はどちらも核エネルギーによる。ひとたび放射性物質が空中に飛散したときの被害は、原発であってもどれほど深刻か、福島第一原発の事故でわたしたちは身にしみた。ヒロシマ、ナガサキ、フクシマはひと続きの出来事なのだ。

原爆と通常兵器との大きな違いは、被爆時の熱線と爆風による被害だけでなく、あとから家族を捜しまわったり、救援のために汚染地域に入ったりした人も二次被爆し、後遺症を抱えることだ。健康不安は被爆者自身だけでなく、子や孫の世代にまで及ぶ。それはそのまま福島原発事故の被爆者の現実でもあろう。

そうであるのに、いま、どちらもその経験の風化が懸念されている。

風化に抗する強固な意思による仕事として、ここで2人の文学者の歩みを紹介したい。2人とも原爆によって放射能の恐ろしさを身をもって知り、原爆被害について繰り返し書き、原発の危険性を早くから訴え

栗原貞子

た。

報道管制下、『黒い卵』を自費出版

広島で被爆した詩人の栗原貞子（１９１３～２００５）は敗戦の翌年、占領軍の報道管制をくぐって詩集『黒い卵』を自費出版。負傷者で埋めつくされたビルの地下室で、生まれてくる赤ん坊をとりあげた産婆が血まみれで死んだ実話をもとにした「生ましめんかな」は広く読まれている。

彼女はその後も地元で文化運動にかかわりつつ、反核をモチーフに詩やエッセイを世に問い続けた。ベトナム戦争のさなか、かつての軍都・広島を自覚し、日本の加害責任に目を向けた「ヒロシマというとき」を発表した。

湾岸戦争の年には、「原爆紀元四十六年」に「一度目はあやまちでも／二度目は裏切りだ」と告発し、「崩れぬ壁はない」では、朝鮮半島に対する日本の戦前戦後にわたる責任を問い、「北と南の被爆者と　日本の被爆者が手を結び／分断の壁に風穴をあけよう」と提案している。朝鮮半島情勢が流動している今こそ耳を傾けるべきだろう（2作とも『問われるヒロシマ』所収）。

『反原発事典』第Ⅱ集に「原爆体験から―原爆と原発は二体にして一体の鬼子」を寄稿したのは１９７９年。被爆の悲惨な実態を詳しく説明したあと「広島、長崎の二次放射能による被爆者と原発による被曝者は、同じ条件の共通の被爆者である」、「原爆と原発はともに許されざるもの」と警告している。米スリーマイルアイランドで原発事故が起きた年だが、この文章が書かれたのは事故の直前。予言のような言葉となった。国内ではすでに原発立地に反対する運動が各地で起きており、86年にはソ連でチェルノブイリ原発事故も発生したが、政府や電力会社の「日本では起こり得ない」という安全神話を信じ込まされ、フクシマまでに狭い国土に50基を超える原発ができた。

（2018年8月20日）

被爆の実相を描いた
林京子『祭りの場』

どこまで逃げればいいのだろう

林京子（1939〜2017）は、長崎の女学校3年生のとき、学徒動員中の兵器工場で被爆した。同学年の少女たち52人が9月末までに亡くなり、彼女はかろうじて命を拾ったものの急性原爆症を患い、結婚して子をもうけたのちも、後遺症に苦しんだ。

被爆の実相を描いた『祭りの場』で芥川賞を受賞し、作家デビューする。その後も体験をトータルに把握する方法を探りつつ、放射能被害の世代間連鎖に怯える人びとの姿を『やすらかに今はねむり給え』、『長い時間をかけた人間の経験』などに描き続けた。

ジェンダーの視点も鋭い。結婚差別や出産の不安など、女にとって被爆はより重いと訴えた。

「原爆フェティシズム」と批評家から暴言を浴びせられても、「わたしにとって書く意味があるのは、８月９日しかない」と語り部としての決意を貫いた。

父の勤務の関係で長崎に引き揚げる１９４５年春まで上海で暮した。『ミッシェルの口紅』では楽しく輝いていた子ども時代を描いたが、『上海』では自分はそこにいてはいけない侵略者の子であったことに気づいている。

米スリーマイルアイランドの事故のとき、テレビで母と子が手をつないで逃げるのを見た。映像の中の母子と、34年前、疎開先から自分を迎えにきて「どこまで逃げればいいのだろうね」と独り言を言った母の姿が重なった。「本当にどこまで逃げればいいのだろう。そして世界じゅうが核物質で汚染される今日を」と危機感を表明している（「何処まで逃げればいいのだろうか」『文化評論』79年８月号）。チェルノブイリで、そしてフクシマでも繰り返される悲劇である。

99年９月、茨城県東海村のＪＣＯ東海事業所で臨界事故が起きた。そのとき林は、アメリカで最初に原爆実験が行われたトリニティ・サイトに向かっており、帰国後、東海村の農家で取材した話をもとに『収穫』を書く。

老農夫はその日、原発施設と農道一つ隔てた畑でさつま芋を収穫する準備をしていた。事故が起こり、飼っている犬が激しく吠えた。施設のある塀の中が騒がしくなり、マスコミがおしかけ、

林京子

084
大田洋子、1950年10月

住民に退去命令が出たが、彼は「逃げてもしかたがない」と犬とともに残った。収穫するはずだったさつま芋をそのままにしておくのはかわいそうだと、掘り出して畑に積んだ。目に見えない、においもしない、それゆえに不気味な放射能の被害を淡々と描き、フクシマ後の人びとの姿を予感させる。

トリニティ・サイトに立って

12年後、福島第一原発の事故が発生。そのとき初めて、微量であっても放射性物質を取り込むと、物質によっては人の寿命を超えるほど長い時間、放射線を放射し続けることを、多くの人が知った。林は「内部被曝」や「低線量被曝」という言葉を知らないまま死んでいった友人たちを思い、慟哭している。

トリニティ・サイトに立ったときの思いは、「トリニティからトリニティへ」に書き残している。最初に原爆の被害を受けたのは、実験が行われた大地であり、そこに生きていた植物や動物であったことに気づき、さぞ熱かっただろうと「私」は涙を流す。

核の被害は一地域、一国にとどまらず地球全体、ヒトだけでなく命あるもの全てに及ぶ。その視野を獲得し、「核文学」の到達点を示した作品である。

ヒロシマ・ナガサキの被爆者の平均年齢は２０１８年の今、82歳。体験の忘却と風化が危惧されている。確かに、新しい作品や証言は得にくくなっているが、原爆をテーマにした表現は、小説、ルポ、エッセイ、評論、漫画、絵画、写真、映像、アニメなど多岐にわたっている。プロの表現者に限らず、あの日そこにいた人びとの証言も加えると、おびただしいと言っていいほど、体験の記録が蓄積されている。そして、フクシマについての記録・作品も日々生みだされている。

これらを図書館の書庫や関係施設の資料室に眠らせておくことなく、大いに活用して、人々が接する機会を増やしたい。劣化や散逸を防ぐため、デジタル化も急いでほしい。

いつでも、どこでも、読んだり、見たり、聴いたりできるようになれば、体験の本質は次世代に受け継がれ、生かされていくはずだ。

（2018年8月21日）

「この世界の片隅に」の街を歩く

目玉は今も「海軍」

晩秋の3日間、読書グループの仲間たちと、広島県呉市、江田島市、広島市を歩いた。まず、JR呉線で呉市に入った。呉線の周辺には今夏（2018年）の西日本豪雨による山崩れの痛々しい跡が残っていた。

呉は昨年（2017年）、ヒットしたアニメ映画「この世界の片隅に」の舞台になった街である。戦争末期に結婚して広島市からきた18歳のすずさん。絵を描くのが好きな、どこにでもいそうなヒロインの日常が柔らかなタッチで描かれていて共感を呼んだ。山に囲まれた街は、山の向こうから飛んできたB29による数度の爆撃で、ずたずたにされた。手をつないでいた姪が死に、すずさんも片手を失う。物資が欠乏して不自由だが平凡な日々の営みが、一瞬にして吹き飛ぶ。それが戦争だと、片渕須直監督は訴えたかったようだ。

瀬戸内海の小さな漁村だった呉は、明治時代に海軍により軍港都市に変貌した。海軍工廠では多くの艦艇が建造された。最大にして最強をうたわれた「大和」も、太平洋戦争前にここで造られ、進水している。すずさんが自宅近くの畑で晩御飯の野草を摘みながら、「大和」を遠望するシーンがある。厳重な囲いで覆われ秘密裡に建造された「大和」を見ることができたのは高台だけである。

その巨大戦艦は１９４５年４月、十代の少年兵多数を含む３３００人余の兵隊を乗せて沖縄に向かって特攻出撃し、途中で撃沈された。生き残ったのは１割に満たなかった。

戦争末期の呉には、艦船の乗組員や徴用工員を合わせると、45万人ぐらいいたとされる。隣の広島市をしのぐ。73年後の今、当時の呉市域に住む人は14万人台に減り、繁栄しているとは言い難い。

しかし、かつての軍事拠点は海上自衛隊呉基地になり、呉鎮守府が建設したインフラの多くも現役で活用されている。自衛隊総員６６００人が勤務しているそうだ。

観光の目玉も「海軍」である。呉駅近くの海沿いには巨大な大和ミュージアム（呉市海事歴史科学館）がある。文化庁認定の「日本遺産」だ。戦艦大和の10分の１模型が展示されている。全長26・３㍍もある鉄の塊。「大和ミュージアムのシンボルとして平和の大切さと科学技術のすばらしさを後世に語り継いでいます」と説明にあり、東洋一の造船技術を誇るくだりは詳しい。だが、虚しく死んだ3000人余の兵隊の姿には迫らない。「平和の大切さ」というメッセージは響かなかった。

こうの史代が描く世界

翌日、江田島市の海上自衛隊第一術科学校内にある教育参考館を訪ねた。明治時代からの海軍軍人の功績を讃える資料館である。勲章をいっぱいぶらさげた将官たちの写真を見上げながらガイドの自衛官が言う。「旧制中学校の1番、2番は海軍兵学校へ、3番、4番が東大や京大へ行った」。そうなのか、アタマのよすぎる人が集まったから、無謀な戦争をしたのかもしれない。妙に得心した。

「大和ミュージアム」の隣りの「てつのくじら館」（海上自衛隊呉史料館）は、除籍した実物潜水艦「あきしお」の陸上展示。内部は海上自衛隊の歴史や掃海艇の活躍などを紹介し、「あきしおカレー」や「魚雷ワッフル」を販売している。町中の30軒近いレスト

『この世界の片隅に（上）』こうの史代
双葉社

ランや飲食店もそれぞれ独自の「海軍カレー」を売りにする。「自衛隊員割引」の看板が目立つ。この街は昔も今も軍港都市なのだ。すずさんは架空の人物だが、生きていたら92歳になる。「この街の今」を見て何を思うだろうか。

アニメ映画「この世界の片隅に」の原作者こうの史代は１９６８年、広島生まれの戦争も原爆も知らない世代だ。ヒロシマを素材とするよう編集者に勧められ、２００４年に漫画『夕凪の街桜の国』を刊行、ブレークした。被爆者と被爆二世、三世の日常を描いた作品は、各国語に翻訳されてもいる。

前半の「夕凪の街」のヒロインは、被爆10年後の広島の「原爆スラム」と呼ばれた集落で育った被爆者。タイトルも物語の舞台も、55年前に亡くなった原爆作家大田洋子のルポルタージュ『夕凪の街と人と　１９５３年の実態』（１９５５年）にインスパイアされた作品である。大田の原爆文学がこのような形で継承されていることを、大田に伝えたいと思った。

（２０１８年11月30日）

ケロイドのような碑石

人間の眼と作家の眼で書く

広島市の中心部を流れる太田川に、原爆ドームから北に向かって、相生《あいおい》橋、空鞘《そらざや》橋、三篠《みささ》橋が架かっている。やさしい響きを持つ三つの橋の右岸に弓なりに伸びる南北約1・5キロの地帯に、かつて「原爆スラム」と呼ばれるバラック群がひしめき、1970年代末に中央公園として整備された。その一角に原爆作家大田洋子の文学碑がある。*

観光客や修学旅行生は、原爆ドームをはさんで反対側の平和公園にある原民喜や峠三吉らの碑は訪れるだろうが、ここまで足を延ばす人はほとんどいない。原爆の告発に半生をかけながら、原や峠ほどには親しまれず、全ての作品が絶版になって久しい。晩年を無援の中で生きた作家らしく、碑もひとりぼっちだが、強いメッセージを放っている。
碑というものは、台石に載せた碑石に碑文を刻んだものが多いが、これは「碑石群」ともいうべき独特のスタイル。碑文を刻んだ中心の碑石に向かって、大小15個の自然石が並べてある。あたかも爆心から爆風で吹き寄せられたかのように。石は水成岩の輝緑岩。碑をデザインした画家の四国五郎《しこくごろう》は、その石を選んだ理由を「まるでケロイドを思わせるように荒々しく苦渋に満ちた色と肌をしているから」と書き留めている（『大田洋子文学碑建立記念誌』）。

建立から40年を経た今、殺風景だった碑の周辺はこんもりと緑に覆われ、険しかった碑石の表情もいくぶん柔らいで見える。

中心の碑に彫られているのは、大田の代表作『屍の街』の一節だ。

「少女たちは／天に焼かれる／天に焼かれる／と歌のやうに叫びながら／歩いて行った」

大田は市内白島で被爆し3日間の野宿ののち、市内を東から西に逃げる。逃避行と避難先で目にした被爆者の無惨な姿を『屍の街』に克明に記録した。

作中、目を覆うような死骸の中で大田の妹は「お姉さんはよくごらんになれるわね」と言う。姉は「人間の眼と作家の眼とふたつの眼」で見て書くのだと、妹に告げる。見てしまった者の責任として、最も早い時期に核被害の実相をリアルに伝えた原爆文学の傑作である。

「原爆スラム」を描いた『夕凪の街と人と』

四国によれば、大田の碑には別のデザイン案があった。被爆前までのこの地は、陸軍第5師団の施設が立ち並ぶ軍都広島の中心拠点だったが、原爆で人も施設も烏有《うゆう》に帰した。その跡地に市が応急の「基町《もとまち》住宅」を建てる。住宅周辺の空地や河川敷に、行き場を失った人びとがバラックを建てて住みついたが、そのバラック群の中に、旧軍隊の被服倉庫の残骸があった。大田の碑の素材として、それを使ってはどうか。それが別案だったが、建立委員会で話しあいのすえ、今のスタイルに決まる。

粗末な木組みにトタン屋根を載せただけのバラックがひしめく中に、大田の妹家族の住まいもあった。広島の高校生だった私は、文化祭の企画でその妹の家を訪ねたことがある。迷路のような道を右往左往しながら、やっとたどりついた。

2024年、移設後の大田洋子文学碑

1953年、大田は東京から来て、この妹宅を足場にスラムに通いつめ、翌年『夕凪の街と人と――一九五三年の実態』を世に問うた。貧しい被爆者や引揚者、朝鮮人ら、政治からも社会からも見棄てられた人びとの生きざまを描いた。丹念な取材と調査データの裏付けが力強い。ようやく動き始めた被爆者の検診や、原爆傷害者のために米国相手に告訴しようとしている弁護士に希望を託して、渾身のルポルタージュは締めくくられている。作中の「人びとよ、これを見られよ!」というのは大田の魂の叫びであろう。大田は再び「人間の眼と作家の眼とふたつの眼」を働かせたのだ。

「夕凪――」で大田が「虫をばらまいたようだ」と形容した不法住宅群はその後、立ち退かされ、住民は市が建てた中高層アパートに移された。昨夏(2017年)放映されたNHKのETV特集「〝原爆スラム〟と呼ばれた街で」の冒頭、明るく広い公園の芝生で歓声をあげる若者や家族連れが、ここに何があったか知らないと、屈託のない笑顔でインタビューに応えていた。

できれば、知ってほしい。1945年8月6日、8千人といわれた兵隊も、馬も、原爆の熱線で溶け、焼かれ、押し潰され、土で覆われた。その土の上に、かろうじて戦争を生きのびた人びとが、貧しい日々を紡いだのだ。碑から遠望できる数十棟の中高層アパートは、高齢者や出稼ぎ外国人や母子家庭や在日韓国朝鮮人が多く、経済的・社会的弱者のたまり場になっているという。

彼女が生きていたら、三たび「人間の眼と作家の眼」で彼らに寄り添ったルポルタージュを書くだろうか。

(2018年12月3日)

＊　大田洋子文学碑　２０２０年、中央公園へのサッカースタジアム建設が決まり、碑は移設を迫られた。「広島文学資料保全の会」（土屋時子代表）は「この場所に建てられた意味がある」と市側に申し入れ、近くの川土手の下に用地が確保された。24年、撤去されていた碑が、「ひろしまスタジアムパーク」敷地内の元の位置から50メートル北の本川土手下に移設された。８月２日碑前祭には約50人が集まり、46年ぶりに大田洋子を追悼した。

ヒロシマの語り部、関千枝子と古家美智子

日本教育史上最大の悲劇

広島市の中心部を東西に貫く幅100㍍の道路がある。平和大通りと呼ばれる。濃い緑に覆われた緑地帯には原爆慰霊碑やモニュメントが散在する。学校関係の碑もあるのは、8月6日にここが少年少女たちの墓場になったからだ。

1945年8月、広島では防火帯作りを急いでいた。強制的に住民を立ち退かせ、家を引き倒し空き地にするのだ。壊した家の残骸を片付けるために動員されたのが広島市内の国民学校高等科、女学校、中学校の生徒たち。炎天下、約5000人が働いていた。その頭上に原爆が投下され、ほとんどが爆死するか重症を負った。県立第二高等女学校2年生だった関千枝子は、その日

おなかをこわして学校を休んだため死なずにすんだ。作業に出ていたクラスメート39人のうち生還したのは1人だけ。

戦後、新聞記者になったが、生き残ってすまないという気持ちがつきまとった。それを前向きに変えるには、事実を明らかにして記録することだと思い至り、級友全員の死までの足どりを求めて遺族を訪ね歩く。1985年、ノンフィクション『広島第二県女二年西組　原爆で死んだ級友たち』としてまとめた。

その後も関は東京から広島に通い続け、原爆問題に取り組んでいる。その一つが平和学習の生徒たちに被爆の実態を伝えるフィールドワークだ。動員された生徒たちが犠牲になったことを話し、その中で「あなたたちと同じ年齢、中1の犠牲者が一番

中1の犠牲者が一番多いのよ、と語りかける関千枝子

多かったのよ。知っている?」と聞く。みな、首を振る。広島の中学生さえ知らない。関は書いている。「日本教育史上最大の悲劇と言われるのに、あまりにもこの事実が知られていない。継承されていない」(『ヒロシマの少年少女たち―原爆、靖国、朝鮮半島出身者』)。

当日、広島市の動員学徒は2万6800人で7200人が原爆の犠牲になったとされる(広島平和記念資料館編『動員学徒―失われた子どもたちの明日』)。しかし、この数字は正確ではない。戦後、廃校になった私立女学校や国民学校高等科に関してはほとんど記録が残っていない。高等科に多かった朝鮮半島出身者は、戦後日本国籍を失ったり、帰国したりしたため犠牲者として数えられていない。

「これを放っておいていいのですか」と彼女は言う。87歳になった今春、大腿《だいたい》骨を骨折して入院したが、8月に入ると、杖をつきながら、東京の自宅から広島に発って行った。

29年後に頬を破ったガラス片

被爆はあまりにも悲惨な体験だったため、家族にさえ何も語らぬまま亡くなった人も多い。今まで沈黙してきたが、被爆者の高齢化が進むなか、やはり話さなければと「語り部」になる決心をした人がいる。古家《ふるや》美智子77歳。

3歳のとき爆心から1・2キロの中区上幟町《かみのぼりちょう》の屋内で被爆した。

爆心に向いた側の顔から身体に無数のガラス破片を受け、落ちてきた天井や梁《はり》の下敷きになった。父親に救いだされたが、顔に傷が残った。29年後、知人がふざけて頬を軽くつねったら、入っていたガラス片が皮膚をつき破って出てきた。このガラス片（1８ミリ×1ミリ×7ミリ）は広島原爆資料館に保存されている。

東京に住んでいた頃の彼女と一緒に「1971年夏　東京―広島、愛と怒りのゼミナール」の反戦列車に乗ったことがある。ひと晩中、列車内で若者たちがフォークソングを歌い議論して、翌日の平和記念式典に合わせ平和公園でダイ・インをした。

親しい友人なのに彼女から被爆状況をきちんと聞いたことがない。つらい思いを抱えているのは感じられたから、何も聞かないのが思いやりだと思った。その後、広島に戻った彼女は、うつ病や乳がんなどで入退院を繰り返し、被爆と無縁の日はなかったという。体の傷は癒えても、心の傷は癒えない。トラウマという言葉もない頃、いつも不安を抱えて生きてきた。

古家美智子、77歳

語れない思いを語る

そんな古家が一大決心をして、原爆被害者相談員の会が募集し

た「被爆者の自分史」に手記を応募し『生きる―被爆者の自分史―第5集』に掲載された。被爆から戦後の日々、何を喜び、悲しみ、苦しんだかが、端正な文章でつづられている。書いたことでふっきれたのか、改めて自分の体験を伝えていかなければならないと思い、昨年初めて語り部として人びとの前に立った。

3歳のときの記憶はほとんどないが、両親や周辺の人から聞いた被爆状況、戦後の紆《う》余《よ》曲折を話した。女性の被爆者は一般に、男性より結婚差別を受けることが多く、被爆者であることを隠して被爆者手帳を申請しなかった人もいる。子どもを産むか産まないかの選択も迫られた。切実な内容だったが、聴衆のドイツ人留学生から、被爆当時の生々しい話をもっと聞きたかったと言われた。

被爆者が抱え込んできた心の傷は外からは見えない。見えない傷は語っても理解されにくいから、より深刻だともいえる。原爆は目に見える傷を与えただけではない。人の心も殺した。心を抹殺するのが、どれほど非道なことか、分かってほしい。

だから、彼女は今年も語り部として人びとの前に立つ。

勇気を持って語り始めた人の話に耳を傾け、どれほどの深さでそれを受け止めるのか。そして、自らの生き方や政治的な意思決定に、どう生かしていくのか。問われているのはわたしたちである。

（2019年8月5日・6日）

破滅の危機から
光へ向かって歩め

「ヒロシマへの誓い　サーロー節子とともに」

米国で自主制作された映画「ヒロシマへの誓い　サーロー節子とともに」が東京、横浜、広島などの映画館で公開された。広島の被爆者として世界で平和運動を続けているサーロー節子の活動を追ったドキュメンタリーである。映画の企画は、国籍も年齢も違う３人の女性のおしゃべりから生まれた。

２０１４年にウィーンで開かれた「核兵器の人道的影響に関する国際会議」にサーローが出席。今回プロデューサーを務めた

サーロー節子

竹内道《たけうちみち》が付き添った。サーローが「年をとり、だんだん旅行も難しくなるから、何か書き残しておきたい」と言いだすと、米国の映画監督、スーザン・ストリックラーがドキュメンタリーを撮ろうと提案したのだ。

それから4年、サーローの活動に密着して、彼女が参加する核兵器廃絶国際キャンペーン（ICAN）が18年にノーベル平和賞を受賞するまでをカメラが追う。映画は19年に完成し、米国でオンライン上映されたが、コロナ禍で日本での劇場公開が遅れた。日本公開に当たり、今年（2021年）1月の核兵器禁止条約発効に関する特別映像を加え、さらに4月17日の公開初日には舞台あいさつもあるというので、封切館に駆け付けた。

舞台あいさつは、映画制作のキーパーソンをオンラインで結んだ。サーローはカナダ・トロントの自宅で、プロデューサーの竹内は滞在していた福岡から、そしてストリックラーは米コネティカットから登場した。89歳のサーローは「この1年間、コロナ禍でカナダに監禁状態で、2度目のワクチン接種を待ちながら、春の訪れを待ち焦がれています」と話した。元気そうな姿にホッとする。

舞台あいさつが終わると、映画が始まり、モノクロ映像が映しだされた。75年前の広島の街だ。人びとが歩いている。次の瞬間、きのこ雲が立ち登り、街は廃虚と化す。

「75年間は草木も生えない」と言われた。その予言は覆され、広島は復興を遂げ、繁栄を誇る。だが、核兵器をめぐる状況は深刻化の一途をたどり、人類は破滅の危機に直面している。当時、誰も予想しなかったであろう崖っぷちの状況だ。破滅を回避するために、何をなすべきか。映画はそれをはっきりと指し示す。

サーロー節子は1932年、広島生まれ。広島女学院高等女学校2年のとき、学徒勤労動員先で被爆した。倒壊した建物の下からはい出して命拾いしたが、級友たちは生きたまま焼かれ、親族9人も失った。戦後、米国の大学に進学し、カナダ人の男性と結婚してカナダ・トロントに移住し、ソーシャルワーカーになった。平和運動に本格的に関わるようになったのは70年代半ば。広島で原水爆禁止の会議に出席して、平和のために身をささげている被爆者たちに出会い、自分の人生で優先するべき目標がはっきりした。以後、世界各地で被爆体験を語り、核兵器廃絶を訴えてきた。

ニューヨークの平和団体で証言したとき通訳をしたのが竹内道だった。広島女学院大学でサーローの後輩にあたり、米国でビジネスコンサルタントの会社を経営している。彼女の祖父は原爆投下時、広島日赤病院の院長を務めていて、大けがをしながらも押し寄せる被爆者の治療を指示し、母は祖父の看病のため広島に入り、入市被爆した。祖父も母も被爆を語らず、竹内は自分が被爆2世であることをほとんど意識してこなかったが、サーローとの出会いが転機になった。祖父の被爆体験をたどり、母の沈黙の意味を探ったことから、核兵器廃絶の活動に参加していく。撮影が進むに連れて行動を加速させていく竹内の変化が、この映画のもう一つのストーリーでもある。

一人一人に名前があった

２０１７年7月7日、国連が核兵器禁止条約を採択した。画期的なできごとだった。被爆者も、核廃絶を目指す多くの人も、長い間待ち望んでいた。そして、この年のノーベル平和賞はサーローが参加する「核兵器廃絶国際キャンペーン」（ＩＣＡＮ）に与えられた。事務局長とともにサーローも、団体を代表して受賞演説をした。サーローはこう訴えた。

「今日私は皆さんに、この会場において、広島と長崎で非業の死を遂げたすべての人々の存在を感じていただきたいと思います」「一人一人には名前がありました。一人一人が、誰かに愛されていました。彼らの死を無駄にしてはなりません」

そして自らの被爆体験へ。

13歳だった。午前8時15分、目もくらむ青白い閃光を見た。宙に浮く感じがした。静寂と暗闇の中で意識が戻ったとき、壊れた建物の下で身動きがとれなくなっていた。死に直面していた。

「そのとき突然、私の左肩を触る手があることに気がつきました。その人は『諦めるな、踏ん張れ。あの隙間から光が入ってくるのが見えるだろう？　そこに向かってなるべく早くはって行きなさい』と言うのです」

はい出ると崩壊した建物は燃え、（共に勤労動員された）同級生は燃えて灰と化し、蒸発し、黒焦げの炭になった。

サーローの言葉は被爆の地獄を描きだす。肉と皮膚が骨からぶら下がっている人。飛び出た眼球を自らの手に受け止めている人。腹が裂け、腸が外に垂れ下がっている人。4歳の甥は、肉のかたまりになって、水が欲しいと言いながら死んだ。演説の終わり近く、結句ともいうべき言葉として、13歳のとき自らを生に向かわせた声を引いた。

「今、私たちの光は核兵器禁止条約です。この会場にいる全ての皆さんと、これを聞いている世界中の全ての皆さんに対して、広島の廃虚の中で私が聞いた言葉を繰り返したいと思います。諦めるな。踏ん張れ。光が見えるだろう? そこに向かってはって行け」

圧巻のメッセージだった。スクリーンに映し出されたノーベル賞の会場と同時に、映画館の観客からも拍手が湧き起こった。それなのに、日本の政府とメディアはサーローの演説にひどく冷淡だったと思う。ノーベル賞に日本人が絡めば、いつもは大騒ぎするのに。

核兵器廃絶へ行動を促す

核兵器禁止条約の批准国は52カ国に達し、今年(2021年)1月に発効したが、日本は批准していない。その理由として日本政府は、核保有国や非保有国といった立場の異なる国の「橋渡し」をすると強調している。しかし、批准しないまま何も行動しないなら、条約を拒否する国と何ら選ぶところがない。

核保有国である米国はこの条約を拒んでいるが、バイデン大統領は核軍縮に前向きだと伝えられる。もし菅首相が本気で「橋渡し」を考えるなら、今回の訪米で大統領と会見したときに、この問題に触れたはずだが、そのようなことはなかった。共同声明の中で「核」という言葉が登場したのは、北朝鮮の非核化問題以外では次の部分だけである。「米国は、核を含むあらゆる種類の米国の能力を用いた日米安全保障条約の下での日本の防衛に対する揺るぎない支持を改めて表明した」。

米国が日本の領土、領空と領海に差し出す「核の傘」。日本はそれを求め続ける。米国は日本がそこから脱出することは許さない。舞台あいさつでサーローは力を込めて言った。「世界の多くの国と国民が、国の安全保障より人間の安全保障という考え方に同意しました」「唯一の被爆国である日本が批准しないのは恥ずべきこと。外国からの尊敬の念を失います」。そして観客に呼びかけた。「政府に独走させてはなりません」。ただ平和を祈るだけではなく、行動してくださ い。自分の思いを代弁者である国会議員に伝えて、代弁者に国会で議論してもらってくださいと。

遠からず、原爆も戦争の惨禍も誰ひとり直接経験しない「ポスト体験者」の時代がくる。サーローに導かれた竹内やストリックラーのように、わたしたちもできることから始めなければならない。

（２０２１年４月30日）

国策に翻弄された広島市女原爆慰霊碑

勤労動員、そして被爆死

1945年8月6日、人類史上初めて原子爆弾が広島に投下された。一発の爆弾による犠牲者数は、かつてない規模で、この年12月末までの死者は約14万人とされる。うち約7200人が勤労動員の国民学校高等科・女学校・中学校の生徒である。10代の子どもたちが、学業の場から強制的に引きはがされ、あげくのはてに原爆の業火に灼かれたのだ。動員された学校のうち、もっとも多くの死者を出したのが広島市立高等女学校で、引率教員10人と生徒666人が犠牲になった。

被爆後、同校ではさまざまな慰霊行事を行い、死者を悼む慰霊碑を建立した。その際、占領下であったため原爆の犠牲であることを明示できなかった。また、戦後まもなく始まった原子力平和利用の動きのなかで、犠牲者が美化され国策に翻弄されたことが、慰霊碑の表象にみられる。その経過を、遺族会や同窓会が編集発行した追悼集を中心にたどってみる。

主な資料は、眞田安夫・広島市女原爆遺族会編集発行『流燈―広島市女原爆追憶の記』（第1編・1957年、第2編・1977年）、広島市高等女学校・広島市舟入高等学校同窓会編集発行『流燈―広島市女原爆追憶の記』（第3編・1987年）、同編集発行『証―失われた命を語り継いで』（2005年）、同編集発行『証―被爆70周年慰霊の記』（2015年）である。

同校の名称は時期によって異なるが、ここでは広島市立高等女学校とし、略して市女と記すこともある。後身の広島県広島舟入高等学校は、舟入高校と略すこともある。また、犠牲者を出した他の学校名及び地名は当時のままで記す。舟入高校は、1957年から3年間、わたしが学んだ母校でもある。

広島市立高等女学校の学徒勤労動員は、1945年3月頃から本格化し、3、4年生は日本製鋼所、西部被服工場などに配属された。1、2年生の作業は市中心部に防火帯を造るため強制的に取り壊された家屋の後片づけで、建物疎開と称される。通年動員ではない。第6次建物疎開作業が8月5日から始まり、2日目の6日、材木町で原爆に直撃された。学校の「経過日誌」による被爆の様相は次の通り。

「八月六日

△学校ニテハ一、二年ヲ県ノ命令ヲ受ケ県庁北（新橋―大橋間）ニテ疎開跡片付ケノ為出勤ス
△附添教諭　繁森・重松・横山　砂古・森　溝上・八林（順序不同）
△一・二年出勤概数　約五百名？　欠席者モカナリ有ル見込（略）
△八月六日午前八時過敵大型機三機ト思ハルルモノ広島上空ニ飛来、新型爆弾落下傘附ノモノ投下、着地前空中ニテ炸裂ス
　炸裂状態詳カナラザレドモ各状報ヲ総合スルニ、空中ニテ炸裂強烈ナル光線放射一、二分後之亦強烈ナル爆裂アリ
△人類殺傷ノ概略、強烈ナル光線ニテ露出皮膚ハ総ベテ大火傷、着衣モ又焼ケボロボロトナル次ノ瞬間ノ爆風ニヨリ衣類総ベテ吹飛ビ丸裸トナル
其ノ様子ノ一例ヲ示セバ、軍人ニシテ死体トナリタル者、長靴着用シ居レドモ軍袴ナク刀帯アレドモ上衣ナク軍帽ナシ
学徒ノ多クハ紋平ヲ止メ居ルヒモ乃至皮帯ノミアレドモ、ズロースサヱナク一糸マトハザル者殆ンドノ如シ（略）
学徒退避状態及其ノ経過
多クハ現場ニ失明状態ニテ昏倒、或ハ家屋下ニ至リ下敷、乃至ハ新橋・新大橋ニ向ヒ水ヲ求メテ移動、河中ニ飛ビ込ム濠ニ入レル者又多ク、水槽ニ入レル者尠カラズ。河川ニ遡航セル六一四〇部隊発動機船ニ収容、似島ニ搬送サレシ者モ少数紹介セラル但シ生存者ハ三・四名ニ止マリ附添

教員ノ消息不明（略）」

爆心から約５００メートル地点での被爆である。わが子を探しにきた保護者が息のあった３、４人を連れ帰ったが、その日のうちに死亡。救助にきた軍隊により似島（広島湾の島で、多くの被爆者が収容された）まで運ばれた森本幸恵が７日間生存したが、ほとんどは遺体も確認されず全滅した。死者数は、引率教員10人、生徒５４１人。日本製鋼所など他の場所での死者をあわせると、市女生徒の犠牲者数は６６６人に及んだ。

転々とする慰霊碑

広島市立高女では、直前まで現場にいた宮川造六校長が別の場所で被爆したが生還し、校舎も全滅を免れたことから、比較的早い時期に授業を再開し、慰霊行事も行っている。被爆８日後の８月14日には学校職員室で納経、分骨式。10月30日には講堂で慰霊式を行った。このあとの慰霊碑建立の動きは複雑なので、年次順にその動きをたどる。
①　１９４６年８月６日、原爆当日に朝礼を行った材木町西福院跡の小高い土盛の上に「殉職諸先生並生徒供養塔」と記した木碑

広島市立高等女学校原爆慰霊碑全景、手前右が説明碑

を建てる。以後49年までここで学校主催の慰霊式を行う。

② 西福院の土塀の下敷きになった生徒の遺品を学校内の奉安庫跡に埋めた。この草山の上に弔慰金の一部寄付と父兄会費で「平和塔」を建立。１９４８年８月６日、除幕式を行う。碑は御影石を用い、表面の浮彫の少女像原型は彫刻家の河内山賢祐が制作し、碑の建設は三好祐之、少女像は香川県高松市の石工を雇って彫刻させた。オカッパ頭に制服の上着とモンペを身につけた少女が、胸に「$E=MC^2$」と書いた箱を抱いている。EはEnergy、MはMassの頭文字、Cは光の速度で、アインシュタインの相対性理論からとられた原子力エネルギーを表す公式である。少女の背から羽が伸び、左右に鳩とクローバーの花輪を手にした少女が寄り添う構図になっている。碑陰には、宮川造六（雅臣）校長作の短歌「友垣に　まもられながら　やすらかに　ねむれみたまよ　このくさ山に」が彫ってある。

③ １９５０年８月６日、①の木碑のある場所が都市計画で１００メートル道路の一部になるため、近くの木挽町の持明院内に木碑を移設して追弔会を行う。この年、市女原爆遺族会が発足。

④ １９５１年８月６日、遺族会が持明院の木碑を取りのぞき、新たな碑を建立して除幕式と七回忌法要を行う。「子供達の臨終のこの土地に追悼碑を建てたいとの議が高まった」からだという。学校内の「平和塔」と同形にし、表に「市女原爆追悼碑」、裏に

慰霊碑表

宮川校長作の、師、生徒、それぞれの最期の姿と、遺族の思いを詠んだ追悼歌3首を刻んだ。
⑤　１９５７年６月、市女と後身の広島舟入高等学校との縁が薄くなったことから、遺族会は十三回忌を機に、母校にある「平和塔」を犠牲者の魂が留まる元安川畔の平和大橋西詰に移設した（現在地）。以後、「広島市立高女原爆慰霊碑」と称し、宮川元校長が執筆した説明碑を建立した。
⑥　１９６７年、平和都市区画整理により、木挽町の持明院が市郊外の戸坂《へさか》町に移転。「市女原爆追悼碑」も移設する。
⑦　１９７７年８月、三十三回忌にあたり、遺族会が戸坂町の持明院の「市女原爆追悼碑」のかたわらに「追悼碑文」を刻んだ副碑を建てる。
⑧　１９７８年、市女と舟入高校の同窓会が合併。以後、合同で慰霊式を行う。
⑨　１９８５年、⑤の慰霊碑の背後に「市女職員・生徒慰霊銘碑」を建立し、犠牲者６７６人の氏名を刻んだ。２００７年、老朽化のため建て替える。

　市女の原爆慰霊碑は、①と②が移転を繰り返したことから、一時期は被爆地の至近距離に２つが存在したことになる。

「原爆」という表象

勤労動員で犠牲者を出した学校は50校に及んだが、校舎が全壊全焼したり、教職員にも多くの犠牲者が出て、廃校になったところもあり、追悼行事まで手がまわらなかったケースが多い。そのなかで最も早く46年中に追悼碑を建てたのは、市立第三国民学校と私立修道中学校とされる（広島市平和推進課「原爆関係の慰霊碑等の概要」）。両校が校内に建てた慰霊碑は石造の堂々としたものである。一方、現存しないため慰霊碑の紹介本に記載されていないが、市女は、46年8月に①の碑を建てており、写真も残っている。木碑ではあるが、被爆現場に建てたのは市女碑のみである。

１９４８年、市女が慰霊碑②を、県立第一中学校が「追憶の碑」と刻んだ碑を建立する。いずれも石碑で、被爆現場ではなく学校内で、碑の表裏に「原爆」という文字はない。市女遺族会会長・眞田安夫の「遺族会結成以後のこと」（『流燈』）には「当時わが国は米軍占領下にあり、慰霊碑などの建立は許されない諸情勢であったが、市女原爆関係者は率先してこれを建立し、平和塔と呼んでいた」とあり、原爆犠牲者の碑であることを大っぴらにできなかった事情を記している。

この間の事情を宇吹暁は、『ヒロシマ戦後史―被爆体験はどう受けとめられてきたか』で、「学校関係の慰霊碑の建立には制約があった」として、広島市学事課長「広学丙第一一二号　宗教教育其の他について」（１９４６年7月30日）によって、慰霊祭・追弔会などの宗教行事は、学校内はもちろん、校外でも、学校主催で行うことは禁じられていた。また、「忠霊塔等の処理に関する件」（１９４７年4月14日）によって、校内にあった忠霊塔・忠魂碑、その他戦没者の記念碑・銅像などの撤去が指示されたと説明している。

これを裏づけるのが修道中学校碑で、前掲「原爆関係の慰霊碑等の概要」に、「戦後、最も早く建てられたが、占領政策を受けて1946年に政府が出した方針（学校及び公共用地等にある忠魂碑等の撤去）に伴い、碑の裏に刻まれていた原爆の文字と建立年月日を削り取り、セメントを塗った。現在、犠牲者188人の名前を刻んだ銅板がはめ込まれている」とある。

しかし、この通達が全ての学校碑に及んだわけではなく、第三国民学校の「慰霊塔」も、県立一中の「追憶の碑」も撤去されず、慰霊式も行われている。宮川造六「遺族会結成以前のこと」によると、46年8月6日8時15分、被爆地に建てた木碑の前で慰霊祭を執り行った際、「アメリカ飛行機はこの日敬弔の意を表してか幾度も幾度も低空飛行を行った。この飛行機を見上げる遺族の顔には痛恨限りなき苦悩の色が覗える」とあり、現役校長でありながら、市の通達を承知していなかったかのような証言だ。さらに48年には校内に「平和塔」も建立している。いずれも学校ではなく、遺族が建立し、慰霊式を行ったということで見逃されたのだろうか。

『ヒロシマ戦後史』で宇吹は、先述の市の通達は「それまでの軍国主義的な教育と一線を画するために行われた政策の一つであったが、原爆犠牲者遺族の慰霊に対する態度・心情にさまざまな影響を与えた」としている。

この頃、メディアに対してプレスコード（45年9月発令）による事前検閲があり、占領軍に不利益をもたらすとみなされた記事は掲載不可になり、そのなかに原爆に触れた記事や読物も含まれていた。

市の通達とプレスコード、この2つが結びついて受けとめられ、あるいは噂となって自粛ムードが広まり、原爆碑も戦前・戦時中に建立された忠魂碑や忠霊塔と同様に扱わなければならないとして、「原爆」と刻むのを避けたと思われる。表面には出ていないが、碑の建立そのものを断念した学校もあったのではないだろうか。

それでも、市女遺族会は、①の碑を51年に被爆地近くの持明院に移して石造にし、「市女原爆追悼碑」と彫った。翌年には講和条約が発効するが、まだ占領下である。46年の木碑、48年の「平和塔」、そして51年の「原爆追悼碑」と、市女関係者の勇気ある行動といえるが、それだけ遺族や学校関係者の悲傷が深かったということでもあろう。

学校碑を含め、地域や企業関係の慰霊碑が現場に建てられるのは講和独立後の60年代、70年代である。現在、原爆死を悼む慰霊碑が被爆中心地周辺だけでなく市内に多数あるが、碑の表面に「原爆」という文字が入ったものは意外に少ない。占領下の自粛ムードを引きずっていると同時に、残酷な現実を直視するのを避ける日本人気質があるようにも見受けられる。

湯川秀樹が被爆少女に託した夢

次に、現在も市女・舟入合同同窓会が毎年慰霊式を行っている平和大橋西詰の「広島市立高女原爆慰霊碑」(⑤)の表象について考察する。この碑表は、他に例をみない異色のデザインである。成立事情について、現在地に移設したとき建てられた説明碑に宮川造六の文章が彫ってある。

「この碑は昭和廿年八月六日八時十五分　この地附近で家屋疎開作業中原爆に遭って全員殉職した広島市立第一高等女学校報国隊職員生徒六七九柱の霊を弔うため　遺族会が昭和廿三年忌日母校校庭に建立　同卅二年十三回忌に現地に移したものである。

碑面の浮彫は河内山賢祐氏の作で　国家の難に挺身した可憐な生徒たちを「あなたは、原子力（E=MC2）の世界最初の犠牲として人類文化発展の尊い人柱となったのです」と慰めている姿をあらわしている。

広島市立高女原爆慰霊碑

宮川はまた、「遺族会結成以前のこと」にも同じ意味の文章をより詳しく書いている。河内山に原型の制作を頼んだところ、

「河内山氏は京都に湯川秀樹博士を尋ねて原子力の意味を糺し、三人の純情の乙女が一人はモンペをはき、手に原子力という事を表示したものを持ち、二人はスカートをはいて一人は鳩を抱き一人は花輪をモンペ姿の友に捧げている姿であり、その意味は原子力の犠牲となって倒れた乙女を原子力は将来世界の社会を一変せしめ昔の産業革命にも比すべき人類社会の革命を招来するものである、その犠牲となった事は限りなき悲しみであるが、それによって将来世界人類に平和と繁栄をもたらす人柱となったのであるから安らかに眠って下さいと祈っている、慰めている乙女二人の熱き友情を表現したものであると言っている」

原子力は産業革命にも比すべき人類社会に平和と繁栄をもたらすもので、被爆死した生徒たち

は、その人柱だとする。ここにはすでに原子力の平和利用によって輝かしい未来が来ることが示唆されている。この発想はどこから来たのか。河内山が湯川秀樹に原子力を表す公式を教えてもらったのだから、原子力の明るい未来について語ったのも湯川なのだろう。

湯川がプリンストン高等研究所の客員教授に招かれて渡米するのは48年9月なので、河内山が会ったのは47年後半から48年初めにかけてということになる。この頃、湯川は『科学と人間性』（国立書院、１９４８年）に書いている。原子時代が到来し、原子力を人間の手で制御しうるようになったが、原子爆弾の出現は「人類の破滅の危険性が無視しえないものであることを示した」。「その半面において原子力が平和的な目的に利用された場合に、それがどんなに大きな恩恵を人類に与えるかをも知らねばならない」。アメリカで1年に採掘されるウランによって、1年間の動力の全需要量を満して余りあるほどだから、「早晩大電力発電所が出現するであろうことが十分期待される」と。

ということは、碑表の真ん中の少女が胸

河内山賢祐作「女子学徒」石膏レリーフ
（山口市小郡文化資料館提供）

に抱いている箱の「E=MC2」が意味するのは、平和目的に利用される原子力であり、湯川が被爆少女に未来への夢を託したと読める。湯川は、正力松太郎に要請されて56年に原子力委員会委員になるものの1年余で委員を辞任している。それは原発に反対だったからではなく、基礎研究を省略して建設を急ぐのは将来に禍根を残すというのが理由である。「原子力随想」（『湯川秀樹選集　第3巻』甲鳥書院）でも、原子力を「猛獣」と「家畜」に例え、原子爆弾という「猛獣」をならして「有用な家畜とするならば、人類全体が大きな恩恵を受ける」として「原子力の平和利用」を挙げている。

なお、碑表に彫られている少女像は3人だが、原型となったと思われる山口市小郡文化資料館が所蔵している河内山賢祐作「女子学徒」の少女像は2人で、鳩を持った左側の少女はいない。図柄を見ても、真ん中と右側の少女が向かい合っているのに、左側の少女の姿勢は不自然である。どういう経緯で左側の少女が加わったのか不明だが、平和の表象である鳩が追加されたことで、平和イメージがより強調されたといえる。

原子力の平和利用キャンペーン

もう一つ、確認しておきたいのは、説明碑の文章が書かれたのも、宮川の「遺族会以前のこと」が『流燈』に掲載されたのも、碑が平和大橋西詰に移設された1957年だということだ。

48年に碑ができたとき、関係者はその意味を承知していただろうが、広くは知られていない。母校の片隅にひっそりと建っていた碑が、9年の歳月を経てノーベル賞科学者湯川との関わりを背景に、原子力の平和イメージを表象としてまといながら、被爆中心地に姿を現したことになる。この間に進んでいたのは、米国に押しつけられる形で原子力の平和利用の効用を日本に浸透させるたくらみである。

54年3月、中曽根康弘が提案した原子力関連予算が衆議院を通過。同年9月、浜井信三広島市長が渡米して、原発誘致を米国国会議員に働きかけている。これに応じてイエーツ議員が広島に原発を建設するための予算を下院に提案したが、55年4月の市長選で浜井が落選したために、この話は消えた。浜井の考えは、「原子力の最初の犠牲都市に初めて原子力の平和利用が行われることは亡き犠牲者への慰霊にもなる」というものだった（『中国新聞』1955年1月29日）。

55年には原子力三法が成立し、国策として原子力の推進が始まり、同年11月には、米国のUSIS（United States Infomation Service）が後ろ盾になり、東京日比谷で原子力平和利用博覧会が開催され、以後2年間、全国11都市を巡回する。56年5月から6月にかけては、広島県・広島市・広島大学・広島アメリカ文化センター・中国新聞社主催で広島でも開催。会場は、前年開館した原爆資料館で、原爆の惨状を伝える展示物を撤去して、実験用原子炉の実物大模型やマジック・ハンドなどが展示され、博覧会終了後も67年まで、その関連展示は資料館の大きな比重を占めた。57年5月には、茨城県東海村に日本原子力研究所の原子炉が設置された。「原子の灯」がともったのである。

　このような動きと並行して、アメリカはマーシャル諸島のビキニ環礁などで核実験を繰り返し、これに反対して55年8月に第1回原水爆禁止世界大会が広島で開催されたが、翌年8月に結成された被爆者団体である日本原水爆被害者団体協議会（被団協）さえ、「結成宣言＝世界への挨拶」に、原爆被害者の救済を訴えながら、同時に次のような文言を盛りこんでいる。

「人類は私たちの犠牲と苦難をまたふたたび繰り返してはなりません。破滅と死滅の方向に行くおそれのある原子力を決定的に人類の幸福と繁栄との方向に向かわせるということこそが、私たちの生きる限りの唯一の願いであります。（中略）私たちの受難と復活が、新しい原子力時代に人類の生命と幸福を守るとりでとして役立ちますならば、私たちは心から『生きていてよかった』とよろこぶことができるでしょう」

　市女碑の説明碑文、原発誘致をはかる浜井市長の発言、被団協の結成宣言には共通項がある。原子力の平和利用は、広島の、日本の、世界の、ひいては人類全体の幸福と繁栄につながるという夢に、原爆犠牲者や遺族の怒りと悲しみを収斂させるという思想である。それは、原子力エネルギーを兵器として最大限利用するために核実験を繰り返しつつ、原発を開発し世界に輸出するために、原爆被害をできるだけ過少に見せようとした米国の占領政策の帰結であったともいえよう。

　原子力のもたらした悲劇を伝えるはずの原爆資料館で、原子力のプラス面を強調する展示が行われたとき、見学する人びとが列をなしたという。展示が成功し、その興奮が尾を引く1年後に、資料館と200メートルしか離れていない元安川畔に市女碑が移ってきたのである。近所に住んでいた1952年生まれの千葉康は、子どもの頃、父親から、「あれはアインシュタインという偉い人が考えた公式なんだよ」と碑面の少女像の説明を誇らしげに聞かされたという。

日本の精神史や思想史の研究者であるラン・ツヴァイゲンバーグは、原子力博覧会開催のいきさつと意味を1人のアメリカ人と1人の日本人の行動を通して明らかにした論考「アボル・ファズル・フツイと森瀧市郎―原子力の夢と広島」(『ひとびとの精神史　第2巻』岩波書店、2015年)で、「日本人は原子力を押しつけられただけではない。それを受け入れ、積極的に『抱きしめた』のだ」としている。市女碑の少女はまさに原子力を「抱きしめて」いる。その分、原爆のもたらした残虐性、非人道性が薄められ、酸鼻をきわめた死が美化されたといえる。市女碑が背負わされたのは、科学技術の実験とそれを戦略的に具体化する米国と日本の国策に翻弄された歴史といっていい。このとき碑が表象した原子力の明るい未来図は、2011年の福島原発事故によって無惨にも打ち砕かれたのである。

(早川紀代・江刺昭子編『原爆と原発、その先―女性たちの非核の実践と思想』御茶の水書房、2016年)

検閲に翻弄され　数奇な運命をたどる

原爆文学を「世界記憶遺産」に

原爆に被爆した作家が被爆直後に書き綴った小説や詩、日記などの自筆原稿をユネスコの「世界の記憶」（世界記憶遺産）に。広島市の市民グループ「広島文学資料保全の会」（土屋時子代表）と広島市が共同で、被爆80年となる２０２５年の登録をめざし、国内選考に申請した*（23年）。15年と21年にも申請したが、国内審査で落選。今回は３回目になる。

１回目に申請した資料は峠三吉の「にんげんをかえせ」の序文で知られる『原爆詩集』の最終草稿、栗原貞子が「生ましめんかな」を書いた創作ノート、原民樹が被爆直後の様子を書き留めた手帳の３点。２回目は、これに峠の８月６日前後の日記とメモを追加した５点。３回目の今回は、これに大田洋子『屍の街』の自筆原稿を加えた。

大田の『屍の街』は、原爆が広島の人びとにどのような被害をもたらしたのか。被爆直後の混乱を生き延びた作家が、被害の実相をつぶさに書き、原爆が非人道的な兵器であることを訴えた貴重なルポルタージュである。書き終えたのは敗戦の年の11月で、翌年の初めには『中央公論』編集部に送ったが、今の状勢では発表できないとして送り返された。敗戦直後から原爆に関わる報道や記述を検閲して出版を制限し、違反したら厳しく処罰するとした占領軍によるプレスコードのせいである。

『屍の街』が曲折を経て中央公論社から出版できたのは1948年11月（中公版）。さらに1年半後の50年5月には「完本」が冬芽書房から出版されている（冬芽版）。同じタイトルの単行本が短期間で、別の出版社から出版されるのは異例のことである。この2冊の出版を含めて、『屍の街』には多くの謎がある。その謎をひも解いてみたい。

「世界の記憶遺産」を申請するにあたっては、資料のデジタル化が必要だ。『屍の街』の「自筆原稿」とされるものは現在、日本近代文学館が収蔵しており、「保全の会」がお願いして、この目的のみに使用することで特別撮影を許可された。

デジタル化の作業は2023年4月18日に行われ、「保全の会」から依頼されてわたしが立ち会った。わたしは、大田洋子の晩年

『屍の街』1950年5月出版の冬芽書房版

の1年半、東京中野区の大田家に下宿して、作家の晩年を共に暮らした。没後の1971年には『草饐《くさずえ》 評伝大田洋子』を濤書房から出版した（72年に第12回田村俊子賞受賞、81年に大月書店より再刊）という縁による。

日本近代文学館収蔵の自筆原稿

近代文学館でのデジタル化作業は、午前10時に始まって、午後4時半の閉館時間を過ぎた5時まで、ほぼ立ちっぱなしの作業だった。天井の光が反映しないように大きな天幕を張り、左右に傘を広げた中に巨大撮影装置を据えた大がかりなセットで行われた。ガラス盤にのせた原稿の位置を微妙に調整しながらの作業で、わたしはカメラマンに原稿を渡す役。

薄く破れそうな原稿用紙は茶色く変色して角が折れ曲がっているのを伸ばして手渡し、受けて戻す作業の繰り返し。間にはさんであるメモ2枚や原稿が入っていた封筒の表裏も撮影したので、計315コマになっ

大田洋子、1950年10月

た。

　作家の自筆原稿は、各地の文学館などに展示されていて珍しいものではないが、大田の『屍の街』は、中公版の出版に至るまで、また出版したあとも数奇な運命をたどっている。１９７８年末に遺族がこの原稿を日本近代文学館に寄贈したときのいきさつを知っていたし、写真も見ていたから、原稿の状態を一応知ってはいたが、大田の大ぶりな力強い字で書き綴られた原稿に手を触れるのは、やはり感慨があった。

　生原稿の持つ力というものだろうか。一行一行、作家自身の訂正、削除、原稿用紙の罫のまわりの白い部分まで埋め尽くした書き込みがあるかと思えば、紙が尽きたのか、一部は裏にもぎっしり文字が埋められており、さっと見ただけでは、とてもわかりにくい。入稿にあたっての編集者の指示も赤字で書き込んである。１ページまるごと、大きな斜線で削除されているかと思えば、途中で番号が飛んでいる箇所もあり、限られた時間の中での撮影なので、とりあえず表側２７２枚を順に撮影し、次に裏側３４枚を撮影するという方法をとった。これを「保全の会」の担当者が順に読めるように整理したところ、原稿枚数は全部で３０６ページで、扉と目次２ページをあわせて３０８ページになった。

　しかしその「自筆原稿」は、伝説的に伝えられているような、「茶色に煤けた障子紙や、ちり紙」ではなく、８種類にも及ぶさまざまなサイズの原稿用紙とワラ半紙に書かれたものである。また、最後の文章「瀕死の琴歌が地に這っている」まではライトブルーのインクで、そのあとにダークブルーのインクで「二十年十一月」とあり、再びライトブルーのインクで「(終)」とある。全て大田の字であることはまちがいない。

また、近代文学館には、自筆原稿と一緒に遺族から寄贈された「笹原金次郎　清書原稿」もある。裏にも書いてあって判読しにくい自筆原稿の中途からの筆写で、ところどころに色褪せた赤い付箋が挟んであって、「1字アケル」、「改行」など編集者の指定が入っており、後半の入稿はこの清書原稿を用いたとみられる。

となると、いくつもの疑問が浮かび上がってくる。自筆原稿はいつ書かれたものなのか。自筆原稿と出版された中公版は同じ内容なのか。違うとしたらどこが違うのか。冬芽版の「序」に、中公版は「自発的に削除された」と大田が書いているのは、何を指すのかなど。

そこで、この作品が生まれる前史をたどるとともに、わたしが50年ほど前に関係者に取材した古い取材メモも紹介しながら、占領期における複雑な出版事情を明らかにしてみたい。

＊　「広島文学資料保全の会」と広島市が、共同で「世界の記憶」に申請した「グラウンド・ゼロの記憶―8月6日、被爆作家の記録」については、2023年11月28日付で文部省科学国際統括官付企画係（日本ユネスコ国内委員会事務局）より「関係省庁連絡会議において、ユネスコへの推薦を行わない」との通知があった。「作家が限定されていることや世界的な文学的価値といった完全性や重要性等の観点から、ユネスコが定めた選考基準を満たしていない」ということだ。落選とい

うことだが、申請にあたり、ご支援をいただいた皆さまに「保全の会」に代わって筆者からもお礼申しあげたい。

なお、「広島文学資料保全の会」は、サントリー文化財団が、地域文化の発展に貢献した団体・個人を顕彰する「第45回サントリー地域文化賞（２０２３年度）」を受賞した。広島市に文学館を求める運動として設立され、長年にわたって原爆文学資料の保全、啓発に取り組んできた実績を評価された。

評価されながら掲載されず

広島市白島九軒町で被爆

原爆被爆直後のなまなましい記録を『屍の街』に書き残した大田洋子（本名、初子）は、1903年、広島県山県郡原村（現、北広島町）に生まれた。6歳のとき両親の離婚により籍だけ親戚の大田家に移され、その後母親が佐伯郡玖島村（現、廿日市市玖島）の男性と結婚したので、ここで少女時代をすごした。被爆後、傷を負って広島市から逃れてきて、『屍の街』の草稿を書いた場所である。

『屍の街』
1948年11月出版の中央公論社版

広島市の進徳実科高等女学校研究科を卒業後、江田島の小学校の教師になり、この頃から地元の新聞に盛んに小説を発表している。21歳のとき新聞記者と結婚したが、相手に妻子があることがわかり別れたのちに上京。長谷川時雨が主宰する『女人芸術』に29年、「聖母のゐる黄昏」を発表したのが文壇デビュー作になった。その後、国策会社の社員と結婚したがそれもうまくいかず離婚。一念発起して書いた『海女』と『桜の国』が39年と40年にそれぞれ『中央公論』と『朝日新聞』の懸賞小説で一席になった。流行作家になり、敗戦までに8冊の著書を刊行した。いずれも戦争協力の色合いの濃い国策小説である。

45年1月、東京から、広島市白島九軒町の母と妹が住む家に引っ越し、ここで8月6日を迎えた。爆心から北東に約1・5キロの地点で、2階の蚊帳の中でぐっすり眠っていた。

「そのとき私は、海の底で稲妻に似た青い光につつまれたような夢を見たのだった。するとすぐ大地を震わせるような恐ろしい音が鳴り響いた。(略)気がついたとき私は微塵に砕けた壁土の煙の中にぼんやりと佇んでいた。ひどくぼんやりとして、ばかのように立っていた」

と被爆時の様子を書いている(以下、『屍の街』からの引用は冬芽書房版による)。家は倒壊し、耳と背中に軽い傷は負ったものの、母たちと近くの河原に逃れ3日3晩を過ごす。町は焼け崩れて瓦礫の原になり、人びとがあいついで死んでいった。

「せんべいを焼く職人が、あの鉄の蒸焼器《てんぴ》でせんべいを焼いたように、どの人もまったく同じな焼け方だった。普通の火傷のように赤味がかったところや白いところがあるのではなくて、灰色だった。焼いたというより焙ったようで、焙った馬鈴薯の皮をくるりとむいたように、その灰色の皮膚は、肉からぶら下っているのだ」

と書き、機関銃掃射の傷に比べて、「原子爆弾の方は比べられないほど負傷の仕方がきたなかった」と、早くもこの爆弾が通常爆弾とは大きく異なることに気付いている。

よろけながら死屍累々の焼け跡を東から西に横切って山間部の玖島へと避難しながら、大田は作家としての五感をフルに働かせる。妹との会話から、作家の覚悟がうかがえる。

「『お姉さんはよくごらんになれるわね。私は立ちどまって死骸を見たりはできませんわ。』

妹は私をとがめる様子であった。私は答えた。

『人間の眼と作家の眼とふたつの眼で見ているの。』

『書けますか、こんなこと。』

『いつかは書かなくてはならないね。これを見た作家の責任だもの。』」

玖島の知人の家に落ち着いて、ほっと安心したのもつかの間、奇妙な現象に直面する。

「混沌と悪夢にとじこめられているような日々が、明けては暮れる。よく晴れて澄みとおった秋の真昼にさえ、深い黄昏の底にでも沈んでいるような、混迷のもの憂さから、のがれることはできない。同じ身の上の人々が、毎日まわりで死ぬのだ。西の家でも東の家でも、葬式の準備をしている。きのうは、三、四日まえ医者の家で見かけた人が、黒々とした血を吐きはじめたとき、今日は二、三日前道で出会ったきれいな娘が、髪もぬけ落ちてしまい、紫紺色の斑点にまみれて、死を待っているときかされる。」

『屍の街』の書き出しである。広島市から離れた山間部の村で、あの日広島にいて傷や火傷もなかった人がつぎつぎと死んでゆくのだ。大田は一日に何度も自分の髪の毛をひっぱって抜け毛の数をかぞえ、いつあらわれるかしれぬ斑点に脅えた。そして、書き急いだ。

「当日、持物の一切を広島の大火災の中に失った私は、田舎へはいってからも、ペンや原稿用紙はおろか、一枚の紙も一本の鉛筆も持っていなかった。当時はそれらのものを売る一軒の店もなかった。寄寓先の家や、村の知人に障子からはがした、茶色に煤けた障子紙や、ちり紙や、二三本の鉛筆などをもらい、背後に死の影を負ったまま、書いておくことの責任を果してから、死にたいと思った。」

とあるのは、1950年刊の冬芽版の「序」で、最初の原稿は障子紙やちり紙に鉛筆で書かれたということだ。大田のパートナーだった箕中静雄の証言もある（1970年に取材）。箕中にとって大田は江田島で教師をしていた頃からの憧れの人で、のちに東京の大田の家を何度か訪ねたことがあるという。戦後外地から引き揚げて江田島に戻り、大田に講演を依頼したことから再会。46年秋に結婚し、翌年5月に2人で上京した。

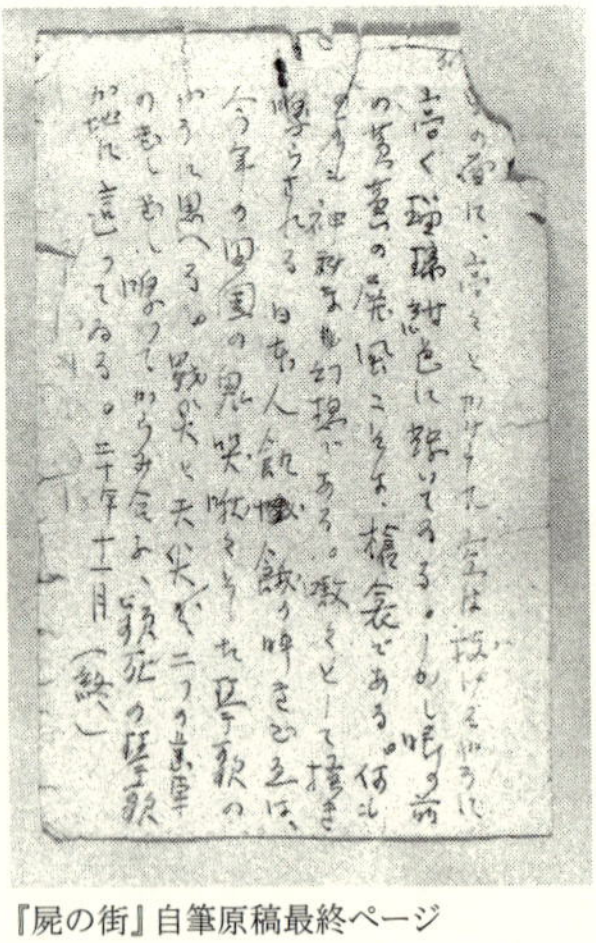

『屍の街』自筆原稿最終ページ

「『屍の街』は、あの人の残した大きな遺産ですよ。紙のない頃で、ひどいのはちり紙に書いて束にしてあったですよ」

その原稿は、46年の初めに雑誌『中央公論』編集部に送ったものの、現状では出版できないとして送り返されたものだったと思われる。その後48年に再び中央公論社に持ち込むまでの間に寄せ集めた原稿用紙やワラ半紙に書き直したものが、現在日本近代文学館にある自筆原稿だと推定できる。だから、入稿に際し、原稿末尾に「二十年十一月」と書き足したのであろう。これが現状で確認できる最も古い原稿である。それにしても、46年になぜ、出版できなかったのか、その事情を探ってみる。

プレスコードが歪めた占領下の言論

大田が死の影に脅えながら書き急いだ『屍の街』の原稿を1946年初めに受け取ったのは、雑誌『中央公論』編集部の海老原光義。わたしは1970年末、海老原に面会している。

原稿を読んだ海老原は「これは証言として大変なものだ。後世に残すべき作品だ」と思い、編集長の畑中繁雄に感動を伝えたという。しかし、畑中は「今の状勢では掲載は無理だ」と言って海老原をがっかりさせた。その題は「屍」だったと記憶しているそうだが、障子紙やちり紙に書かれたものだったかどうかを、わたしは確認していない。詰めが甘かったと思うが、原稿はそのまま彼の机の中にしまわれ、大田に送り返した記憶はないという。まもなく海老原は岩波書店に移ったので、その後の出版については関知していない。

編集長が「今の状勢では掲載は無理だ」と言ったのは、占領期におけるプレスコードの存在を指している。GHQ（連合国軍総司令部）の言論統制については、巧妙に行われたので、あまり知られていないが、占領下の言論を大きく歪めた。45年9月19日、GHQは10カ条のプレスコード（日本新聞遵則）を発出。連合国に対する批評批判を封じた。

そのきっかけは、連合国軍が日本に進駐して半月後の9月15日、『朝日新聞』が政治家の鳩山一郎の「原爆投下は国際法違反、戦争犯罪」との趣旨の発言を掲載したことで、マッカーサー率いるGHQが原爆に対する報道を統制した。こうして米国は自国民に対し、核兵器が残酷であることを隠した。多くの人が事実を知れば、政府が批判されるからだった。この報道規制が功を奏してであろう、現在でも米国民の多くは原爆の非道さを知らず、原爆投下を肯定している。

編集長の畑中は戦中と戦後の言論統制の両方を知る人である。戦時下、治安維持法違反で編集者や新聞記者60人が逮捕され4人が獄死した横浜事件の逮捕者の一人で、戦争が終わって釈放されたばかりだった。のちに畑中は『覚書　昭和出版弾圧小史』（図書新聞社、1965年）に次のように書いており、現場の編集者の苦悩がよくわかる。

「旧軍閥は消えさった。官僚は鳴りをひそめた。しかしそれに代わるものとして、私たちは、なお占領軍の強権下にいたのである。理性や論理的思考の自由は大幅に与えられたが、しかし連合国とくにアメリカの諸政策にたいする批判は絶対にタブーであった。（略）占領軍の事前検閲は戦争中の軍部や官僚のそれよりはるかに大規模であって、新聞雑誌はもとより、単行書、パンフレットの類にいたるまで、刊行物の全領域に及び、雑誌・単行書のばあいは本文、広告類はもとより、表紙、裏表紙にいたるまで全部とりそろえて提出しなければならなかった。ところが、いったんこれにひっかかったとなると、有無をいわさず、削除、撤回は先方側のおもうままであり、こちら側の釈明、言い分はいっさい聴かれなかった。」

原爆を扱った作品でも影響力が大きい媒体ほど処分は厳しかった。原民樹の『夏の花』が47年2月号の『三田文学』に発表できたのは、同誌が事後検閲の純文学雑誌で、当初「原子爆弾」というタイトルだったのを「夏の花」というさりげないタイトルに変えて掲載したことから、無事世に送り出されたと言われている。

時期ははっきりしないが、大田の原稿は中央公論社から本人に送り返された。大田は何とか出版したいと、ほうぼうに働きかけたが不調に終わったと筧中静雄から聞いた。

初めての原爆体験記「海底のような光」

大田は、『屍の街』を書きあげるより前の8月30日、「海底のような光―原子爆弾の空襲に遭って」という体験記5枚を『朝日新聞』に寄稿している。「六日の朝の八時すぎ、広島市で朝をむかえほどのひとびとは、あの夏の朝の思いがけぬ不気味な光線の色を未来永劫に忘れることはないにちがいない」として、原爆投下の瞬間から近くの河原で野宿したときの凄惨な様子を描写しながら、「広島市が一瞬の間にかき消え燃えただれて無に落ちたときから私は好戦的になった。かならずしも好きではなかった戦争を、六日のあの日から、どうしても続けなくてはならないと思った」とも書いているのは、地獄の様相を見てきた人の正直な感想であろう。

驚くのは、戦争が終わって2週間、多くの人は住むところを失い、飢餓状態にあるときの執筆である。既成作家が原爆被害について書いたのはおそらくこれが初めてとされる。朝日の大阪支局にどういう経過で手渡されたか不明だが、大田の行動の迅速さ、見たことを伝えなければという使命感の強さがすでに発揮されている。

これを発表できたのは、プレスコード発令以前だったからであり、この頃には広島の地元紙『中国新聞』に、その時点で判明した被爆死者数、重傷者数、行方不明者数が掲載され、それに病理学者や解剖学者らの原子爆弾症に対する見解も紹介されている。それらは、9月19日以降、ほとんど新聞紙面から消えた。

大田はそのことを知らず、玖島の仮宿で、あの日無傷だった人びとの肌に急に斑点が現れ、黒い血を吐いて死んでいく不気味さに震えつつ、吐き気をもよおしながらあの日見たことを思いだし、ひたすら鉛筆を走らせた。11月には草稿が完成し、年が明けて戦前から縁のある『中央公論』編集部に送った。

被爆の実相を綴った大田洋子『屍の街』（3）

検閲と自主規制

自発的に削除された『屍の街』

『屍の街』が中央公論社から初めて世に出たのは1948年11月。背後に死の影を背負いつつ書きあげてから3年。一度中央公論社に持ち込みながら出版できないと断られてから2年10カ月が経っている。ようやく念願がかなったのだが、さらに1年半後には冬芽書房からも同じ題で出版された。その「序」に大田は中公版への不満を吐露している。

「『屍の街』は個人的でない不幸な事情に、戦後も出版することが出来なかった。広島市から北に十里はいった山の中の村で、はじめに書いたように、刻々に死を思いながら『屍の街』を書き終った時分、台風と豪雨の被害で、一カ月もきけなかったラジオが、ある日ふいに聞こえて来た。

そのとき、原子爆弾に関するものは、科学的な記事以外発表できないと云っているアナウンサーの声がかすかに聞こえた。

発表できないことも、敗戦国の作家の背負わなくてはならない運命的なものの一つであった。『屍の街』は二十三年の十一月に一度出版された。しかし私が大切だと思う個所がかなり多くの枚数、自発的に削除された。影のうすい間のぬけたものとなった。」

いったいどこが削除されたのか。中公版と冬芽版を比べてみる。中公版の章建ては、「鬼哭啾啾の秋」、「運命の街・広島」、「街は死の襤褸筵」、「憩いの車」、「酷薄な風と雨」、「晩秋の琴」の6章建てで、章の中の節が計26ある。冬芽版の章建ては7章で、「鬼哭啾々の秋」の次に「無欲顔貌」の章が加わり、「街は死の襤褸筵」が「街は死体の襤褸筵」に、「酷薄な風と雨」が「風と雨」に変わっている。節は計30。

冬芽版には「序」と刊行直前に各誌に発表された「いまだ癒えぬ傷あと」、「一九四五年の夏」、「原子爆弾抄」の3篇も併録されている。

問題は「無欲顔貌」の1章5節（400字換算で30枚）がまるごと中公版から抜けていることだ。そこには大田の戦争観が強く出ている。

「広島市街に原子爆弾の空爆のあったときは、すでに戦争ではなかった。（略）軍国主義者たちが、捨鉢なあがきをしなかったならば、戦争はほんとうに終っていたのだ。原子爆弾はそれが広島であってもどこであっても、つまりは終っていた戦争のあとの、醜い余韻であったとしか思えない。戦争は硫黄島から沖縄へくる波のうえですでに終っていた。だから、私の心には倒錯があるのだ。原子爆弾をわれわれの頭上に落としたのは、アメリカであると同時に、日本の軍閥政治そのものによって落されたのだという風にである。」

そして、「手許にある新聞の材料から」として、『中国新聞』掲載の8月25日時点での死者、行方不明、重傷者数を書き写し、原子爆弾症に関する解剖学者や病理学者の見解も新聞から延々と引用している。ではなぜ、この章が削除されたのか。それを「自発的に」削除したのは大田なのか、出版社なのか。

検閲をおもんぱかった自主規制

わたしは『草饐　評伝大田洋子』の初版を出版したのちの72年8月、改めて中央公論社の当事者である笹原金次郎、藤田圭雄《たまお》、長谷川鑛平に取材した。

笹原は保存してあった1948年の日記を見せてくれた。「5・17　大田洋子来社　雨の日」とあり、10日後、「5・27　晴　大田洋子著『ひろしま』の原稿清書完了」とある。つまり、5月17日に大田が初めて原稿を持って来社した。それは「雄作氏の一言ですよ、17日にはもう決まっていましたよ」と明かした。「雄作氏」とは当時の社長の嶋中雄作のこと。「女流作家を非常に大事にする人ですからね」とつけ加えた。この時期はプレスコードがやや緩和されていたが、原爆を正面から扱った作品は大手の出版社からはまだ出ておらず、社長の決断が大きかったのだろう。

「原稿は仙花紙みたいなもの、ワラ半紙みたいなもので苦労して清書しましたよ。27日には清書ができたということです」と話してくれた。日本近代文学館収蔵の「笹原金次郎　清書原稿」がそれで、日記からこのときのタイトルが「ひろしま」であったことがわかる。

次に当時の出版部長、藤田圭雄に会った。のちに児童文学研究者として知られる藤田はこの年に出版部長になってからCIA（民間情報教育局）に呼ばれたという。

「検閲でだめだと言われたところを○○（伏せ字）にしてはいけないなどと説明を受けましたね。下検閲をやるのは日本人だから、なるべく責任が来ないように全部サプレス（抑制）してしまう。いいとか悪いとかの判断ではなく、なるべくさしさわりのないようにしたんですね。まず原爆の小説だという観念があるから厳密に目を光らせたのだろうと思う」

最後に、編集を担当した長谷川鑛平の証言。のちに「校正の神様」と言われ、『本と校正』（中公新書、1965年）の著書もある人だ。「わたしの意志ではなく、社の代表で…」と断ったうえで、「無欲顔貌」の章削除に至る大田とのやりとりをこう振り返った。

「あの章は新聞の切り抜きその他、数字が多くそれだけアクチュアリティ（現実性）が強くなるので削除してもらえないだろうか。そうでないと出版に踏み切れない。GHQがこう書けということで直すと、かえって作品が歪められることになるからということで納得してもらいました。

それにあすこに出てくる数字に疑問をもたれていたということもあります。地方新聞の記事だから過小評価したということです。数字を出すのは、アメリカを怒らせるのではないかということです。従って『無欲顔貌』の章は削りました」

これで出版社の意志で削除したことが確認できた。検閲にひっかかったのではなく、プレスコードをおもんぱかっての自主規制だったのだ。

「結果的にＧＨＱからは何も文句はこなかったですね。他のこまかい文章を書き直させたり、こっちで表現を変えたりしたことはありません。冬芽書房版と違うところがあるとしたら、本人が書き直したのだろう。大田さんは中公版に不満だった。こちらは『それなら時期を待ってまた出版したらいいでしょう』と言ったから、冬芽版が出ても文句を言えなかった。わたしの言ったことを言質にとられても仕方がない。本当は10年、中公に版権があるのですがね」

短期間で再刊となった異例の経過にも、自主規制による削除が影響していた。しかし、削除したのは「無欲顔貌」の章だけなのだろうか。削除、書き直したところはほかにもあるのではないか。自筆原稿、中公版、冬芽版を比べて、プレスコードに対する自主規制の実態に迫ってみたい。

自筆原稿と中公版の違い

大田洋子著『屍の街』の原稿とされるものは、現在４種類ある。日本近代文学館が収蔵している自筆原稿、同じく中央公論社の笹原金次郎清書原稿、１９４８年11月刊行の中央公論社版（中公版）、50年5月刊行の冬芽書房版（冬芽版）で、以後の出版は全て冬芽版を底本にしている。問題は今まで検討されていない自筆原稿と中公版の違いである。

最初に紹介した日本近代文学館収蔵の自筆原稿に戻ってみる。

自筆原稿をみると、驚くことに「無欲顔貌」の章全部が削除の指定にはなっていないのだ。ところどころが斜線で消してある。たとえば、５節の戦争観を述べたところは1ページ全部が消してあり、そのなかには、「原子爆弾を朝と昼と、そして夕ぐれ、一つの都市に落としたとしたら、もはや兵士でなくとも誰ひとり生き残ることはないのだ」という文章がある。

次に大きな斜線が引いてあるのは、「たくさんの外電のなかの、原子爆弾の使用は悪徳ではないという解釈のひとつに、こんな言葉があった。それを使うことは、ほかのいろんな爆弾の投下よりも、はるかに少ない人の殺傷ですむ」という文章が入った7節の一部。

「私はつぎに、手許にある新聞の材料から、原子爆弾からうけた、形のうえの被害の性格を、のちの日のために書きとめておきたい」として、男女別の死者、重傷者、軽症者、行方不明者数などが書いてある5ページ分はばっさり消してあるが、そのあとに延々と続く病理学者や解剖学者の見解はそのまま生きている。これはどういうことだろうか。

入稿段階では、原子爆弾の被害の大きさを強調したところや、外電、死者などの具体的な数字（実際よりははるかに少ない数字であるにもかかわらず）を検閲を意識しながら削る指定をした。そうして入稿したものの、さらに校正段階になって、これらの文章が入っている「無欲顔貌」の章がまるごと削除されたことになる。

「無欲顔貌」の章以外にも、自筆原稿と中公版の違いがある。たとえば自筆原稿の終りに近く、「私のうちに作家の焔が燃えてくることを強く感じて幸福である」という文章で始まり、民主主義についての見解を述べているくだりで、「生殺与奪の権力はマッカーサー司令部の奥深く秘められているけれど」という部分が中公版にはない。これに似た削除は他にもあり、長谷川が話したアクチュアリティの強い数字の多い部分だけが削除されたのではなく、占領軍を刺激しそうな部分は削除したり、書き直していることがわかる。長谷川の記憶違いだろうか。これは冬芽版にもほぼそのまま踏襲されている。

些末になるので、ここでは省くが、「完本」と銘打って再刊された冬芽版も、自筆原稿そのままではないし、中公版とも異同がある。『大田洋子集　第一巻』（三一書房、１９９２年）の「解題」に浦西和彦が中公版と冬芽版の主な異同を挙げているが、かなりの数である。再刊にあたって作者が細かい表現を変えることはあるが、その範囲を超えた異同が多い。

中公版の削除部分の一部は回復したが、50年の冬芽版の刊行時においてなお、プレスコードへの配慮が働いていたことをうかがわせる。冬芽版に大田が書いた「序」がそれを暗示する。「個人的でない不幸な事情に、戦後も出版することが出来なかった」、避難先のラジオから「原子爆弾に関するものは、科学的な記事以外発表できないことを云っているアナウンサーの声が、かすかに聞こえた」とは書いているが、誰が発表を禁じているのかは書いていない。「占領軍」や「検閲」といった言葉を巧みに避けているのは、作者自身も自主規制していたのではないかと思われる。

「山上」に書き残した検閲体験

検閲の実態を書き残さない作家たち

1952年4月のサンフランシスコ条約発効で日本占領が終わり、プレスコードも消えた。プレスコードによる検閲のために集められた出版物は、米メリーランド大学の「プランゲ文庫」が所蔵する。詩人の堀場清子はこの文庫を調査して、プレスコードで削除されたり、発禁になった作品を明らかにした。その数は膨大であるにもかかわらず、占領が終わってからも、作家たちが検閲された事実を書き残していないことを指摘し、日本人の忘れっぽさや、こだわりのなさを嘆いている(『原爆　表現と検閲　日本人はどう対応したか』朝日新聞社、95年)。

そのようななかで、『群像』(53年5月)に掲載された大田の小説「山上」が、検閲の体験を書いているのは稀有な例である。呉から来た米国の情報機関の軍曹に尋問されたいきさつを詳細に記録している。

それによると、47年冬の半ば、地主の家の屋根裏に住んでいる「私」のところに「図抜けるほど背が高く恰幅のいい」外国兵士と「足の短いずんぐりとした」日本人通訳が訪ねてくる。通訳が最初に「あなたが原子爆弾の投下の日、広島におられて、それを小説に書いていらっしゃるというそのことで、いろいろお訊ねしたいことがあって伺いました」と切り出す。外国人のほうは米国の情報機関の軍曹であるらしかった。「私」は二人を仏壇のある座敷に通す。尋問のやりとりの一部を作品から抜き出す（表記は原文のまま）。

「『あなたの書かれた小説の原稿というのは、あなた以外に、これまで、誰と誰とが読んでいますか』

『私が読んだだけで、東京のC社に行っています。C社の編集部のEさんが読んで手紙をくれましたから、Eさんはたしかに読んでいます』

『Eさんはどんな思想と主義を持っていますか』

『自由主義者です』

『あなたのその原稿に、原子爆弾の秘密が書かれていますか』

『いいえ。私は原子爆弾の秘密は知りません。私の書いたのは、広島という都会とそこにいた人間のうえに起こった現象だけです』

『あなたに原子爆弾の思い出を忘れていただきたいと思います。アメリカはもう二度と再び原子爆弾を使うことはないのですから、広島の出来ごとはわすれていただきたいと思います』

『わすれることはできないと思います。わすれたいと思っても、わすれない気がしています。市民としては忘れたいと思いますが、わすれるということと、書くことは別です。遠い昔の忘れていたことをも、作家は書きます』

大田は逆にプレスコードの禁止条項に原爆が明示されていない理由や、原爆について何を書いてはいけないのかと質問するが、相手は「答える任務は持っていない」として回答を拒否する。その後のシーンは原文を引用する。

「このとき、わたしはふいに言った。

『日本で発表できなければアメリカへプレゼントします』

私の胸に突きさすような憤りがとつぜん走ったの

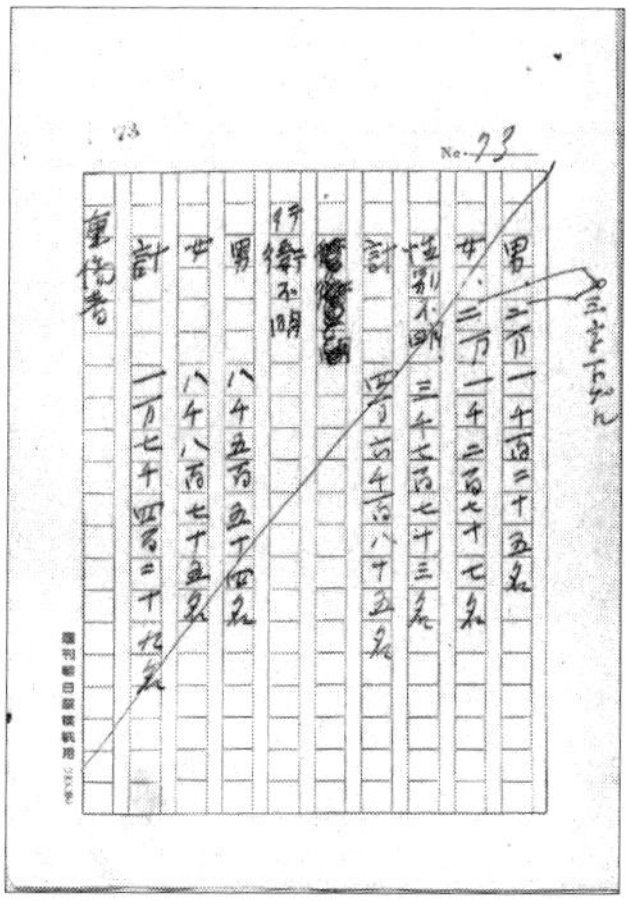

（左） 削除された「無欲顔貌」のページ

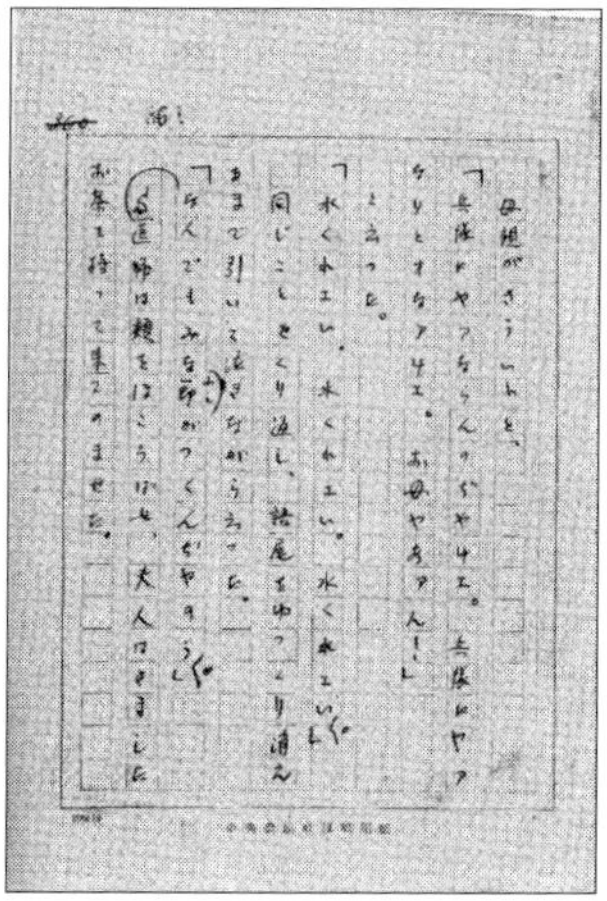

（右）笹原金次郎の清書原稿

だった。はじめて兵士の眼のいろが動いた。かすかな哀しみのような影がさし、そしてすぐに消え、返事はなかった。」

と、自らが受けた尋問の一部始終を「山上」に記した。「記憶の消去」まで要求されたことも書き込んだ。

余談になるが、ここでわたしが大田家にいたときの、ある夜のできごとを書き留めておく。

彼女は深夜に仕事をする習慣で、時折「起きてますか」と言いながら私の部屋に来た。たいてい広辞苑を見せて欲しいというのが用件だった。その夜も入ってくるなり「プレスコードって知ってる」と聞く。「いいえ、知りません」と手元の広辞苑を読み上げたら、「そう、やっぱりプレスコードはあったのね、ちょっと借りるわよ」と言って自室へ戻っていった。

「山上」に検閲体験を詳細に書いておきながら、プレスコードをきちんと認識していなかったのだろうか。その頃、彼女は朝日新聞学芸部編『わが小説』（1962年）に自分にとって忘れがたい小説として

大田洋子、1957年

「山上」をあげ、米軍人の訪問を受けたことを書いており、改めて確認したかったのかもしれない。短文の最後を「これからそろそろ原爆をはなれて、文学的な道楽をしたいと、この二、三年考えるようになっている」と結んでいる。原爆を書かなければという使命感と、書く苦しみから逃れたいという思いが交錯していたようだ。

原爆をモチーフにした「青春の頁」、「河原」など

もう一つ、つけ加えておきたいのは、大田は中公版の『屍の街』が１９４８年11月に出版されるまでの間に検閲を意識しながら原爆をモチーフにした作品をいくつか執筆し、発表していることだ。プランゲ文庫が詳しく調査されるようになった１９８０年代以降、じょじょに明らかになった。

大田の原爆小説の一つは「青春の頁」という長編小説で、戦後まもなく広島県佐伯郡の新建設社から発行された『新椿』創刊号の46年3月から47年3月まで、7回にわたって連載している。「地獄かと思へる壊滅の全市に耐え難い思ひを抱きながら、病院へ行つた。入口の部厚な硝の二枚扉もばったり倒れ、その下敷になつて呻いてゐる若い看護婦の頬が破れて、血の点がもはやみみずのやうに、かたまつてゐた」といった文章があり、「壊滅の全市」「光線」などという言葉を使いながら、原爆の被害の大きさを伝えようと工夫している。これを明らかにしたのは岩崎文人

「GHQ／SCAP占領下の大田洋子」（『国文学攷考』２００８年３月）で、岩崎は「原爆をモチーフにした、大田洋子の最初の原爆文学であった」としている。

小説「河原」も、46年11月に東京の能加美出版社が文芸雑誌『小説』の創刊号に掲載予定だったが、他の作品で雑誌そのものが出版禁止になり、幻の小説となっていた。そのゲラ刷りがプランゲ文庫から見つかったというニュースで、２００３年７月25日、ネット上のasahi.comで発表された。その後、「河原」は48年２月号の『小説』に掲載、出版されたこともわかった。文中に原爆についての具体的な記述はないが、繁華街の「八丁堀」、原爆ドーム近くの「元安橋」などの表記があり、一読して広島だとわかる。被爆者の心理描写に焦点をあてた内容だが、検閲を逃れるために苦心して創作したことがわかる。

さらに未発表の「冬の巣」（51枚）と「冬」（39枚）という小説も、70年代後半に大田の親族の家から見つかっている。どちらも大田が避難していた広島県佐伯郡の農村が舞台で被爆後最初の厳しい冬が描かれ、「焼け滅びた街」といった遠回しな表現が取られている。どちらも47年５月に上京してからのちの作品と見られている。なお、「冬」は発見後、『新日本文学』（78年２月）に掲載された。これらが明らかになったことから、中公版の『屍の街』が大田の原爆作品第１作でないことがわかった。それにしても、「広島」や「原爆」といった表現を回避しながらも、広島の惨劇を何とかして世に知らしめたい。書き残しておきたいという大田のなみなみならぬ決意を感じる。

書くだけではない。講演にも出かけている。

1951年7月、京都大学の学生たちが「京大春の文化祭」で世界初の「総合原爆展」を開催した。2023年8月9日、NHK総合「歴史探偵　消えた原爆ニュース」が、関係者に取材しながら報じた。文学部の学生たちが製作したパネルには原爆画を多数描き、詩も書いた四國五郎や峠三吉のパネルも展示された。京都市在住の被爆者を直接取材し編集した「原爆体験記」も来場者に配布された。京都市内の丸物百貨店で開催された「総合原爆展」には、10日間の会期中、3万人以上の人が詰めかけたという。

同時に学生会が主催した「原爆講演会」では、原爆災害調査班の一員であった木村毅一助教授と大田洋子が講演したという記録がある。大田の年譜に講演したという事実は一切なく、共に暮らしたわたしにも、大田の講演姿はイメージできないので、きわめて珍しいことだ。

さらに広島出身の学生2人と鼎談もしており、『学園新聞』（京都大学新聞社、1951年5月28日）に掲載されている。そのなかで大田はこのとき執筆中の「人間襤褸」について語り、「こんなひどい目にあった私たちはこの時のことこそ多くの人々に知らさなければならないのよ。政治的にでなくても、人間として組織的に抵抗しなければ駄目よ」「私達広島にいた作家はほかのすべての仕事をすてても、原子爆弾について書き続ける義務があると思う」などと語っている。

この原爆展開催にあたって、大学当局は関わりを持たないようにしており、原爆を正面から取り上げることにどれほど臆病であったかがわかる。

なお、この原爆展の中心になって体験記を集め、大田の講演会にも出席した学生は、広島の被爆者の宮田裕行で、彼の父親の宮田造六は広島市立高等女学校校長のとき、勤労動員の生徒と教員676人を原爆で喪った。市内の学校で最大の犠牲者数で、造六は死者を悼む慰霊の旅に心をこめた。2人については、中村尚樹が『被爆者が語り始めるまで　ヒロシマ・ナガサキの絆』(石風社、2000年）の後編「ヒロシマの絆　父から子へ」で詳しくたどっている。

むすび

大田洋子は、既成作家のなかで誰よりも早く、新聞に「海底のような光」を発表して、原爆が通常爆弾とは異なる不気味な兵器であることを書いた。また、被爆3カ月後には、被爆の惨状から目をそむけることなく、作家の眼でみた被爆の実相をリアルに記録した。さらに、8月6日に傷もやけども負わなかった人びとが1カ月後、2カ月後にバタバタ死んでいく状況を観察して、放射線障害について警告している。この作品が、1946年の早い時期に『中央公論』に掲載され、核爆弾の非人道性が日本だけでなく、世界に知られていたら、現在のような核拡散の状況に至らなかったのではないかと、わたしは思う。

それにしても、大田はねばり強い。一度掲載を断られた中央公論社に働きかけて『屍の街』を出版し、さらに冬芽書房からの出版にこぎつけただけでなく、中公版が意に満たない削除版だったと明らかにし、「山上」に米軍による検閲の一部始終を書き残した。本稿では触れなかったが、『人間襤褸』、『半人間』、『夕凪の街と人と―一九五三年の実態』など小説やルポルタージュを誰よりも多く刊行している。自身が体験したことだけでなく、市内全体の被害に視野を広げ、被爆者のその後の困窮にも注目して発信し続けた。

大田は自我が強く、わがままで、強すぎる作家意識が文壇で嫌われていた。戦後の原爆被害者としての作品と、戦時中の戦争協力という二面性への批判もあった。それらが作品評価にも影を落としてきたが、違う見方もできる。「わがまま」というのは、自己主張が強く、自由の制約や抑圧を嫌うということだ。その性格が強く発揮されてこそ、規制のなかでも『屍の街』を出版することができたのではないか。「強すぎる作家意識」は使命感の強さでもある。それは誰よりも早く、大量に原爆文学を書くエネルギーをもたらした。二面性の批判については、大田の戦時中の作品や振る舞いがもっと丁寧に分析される必要があると思う。

権力者に忖度して自主規制が広がり、言いたいことが言えない空気が蔓延している今こそ、大田の抵抗精神に学びたい。原爆文学の先駆者としての文業も、もっと評価されていい。世界各地で緊張が高まり、核兵器使用の恐れも現実味を増している。核兵器がどれほど非道な大量虐殺兵器であるか。大田文学が読み継がれることをせつに望む。

（「被爆の実相を綴った太田洋子『屍の街』」1～4は、「47ニュース」2023年9月24日、25日、26日に掲載されたものを、大幅に改稿した）

II

原爆被害を告発し、記録する

III

60年安保と樺美智子

日米安保60年

樺美智子は なぜ死んだのか

課題の多い日米安保条約

1960年1月16日朝、都心から羽田空港に通ずるメインストリートではなく、裏道を猛スピードで駆けぬける車列があった。車に乗っていたのは、岸信介首相を首席とする日米新安保条約調印の全権団だった。そのまま滑走路に乗り入れ、午前8時、アメリカに旅立つ。同日夜出発の予定を急きょ繰り上げての慌ただしい旅立ちであった。「これをおくるフィンガーの

国会構内で亡くなった樺美智子

見送りは約五十人の報道関係者のほか約百人の関係者だけ、日の丸もただ一本が雨にぬれてポツンと立っていた」(『読売新聞』1月16日夕刊)。記事中の「フィンガー」とは、送迎用のフィンガーデッキのことである。

全学連による実力行使を避けての出発だったが、『毎日新聞』の「余録」はこう評した。「もとより無用な混乱は避けるにこしたことはない。だがそれを顧慮するあまり、コソコソ逃げ出すように出かけては、第一相手のアメリカは何ととるだろう。これが国民から全権を託された人たちとは、とても認めてもらえまい」「もし政府に大多数の国民から支持されているとの自信があるなら、もっと堂々たる態度をとるべきだろう。ほかのときとは違うのである。逃げ回っていればすむという場合ではない」。こうしてコソコソと渡米した全権団によって19日、ホワイトハウスで新安保条約の調印式が行われた。それから60年、岸の孫にあたる安倍晋三首相は今年(2020年)1月19日、署名60年記念式典のあいさつで「日米安保条約は不滅の柱」と胸を張ったが、課題は多い。改定と同時に定められた日米地位協定は、基地の町に重い負担を強いる。沖縄はとりわけひどい。過去も現在も、基地があることで起きる事件・事故や騒音被害、土壌汚染などに苦しめられている。まもなく羽田空港の国際便が増便されるが、首都圏の大部分の制空権はいまだに米軍にあり、日本の民間機は自由に飛ぶことができない。

全学連、羽田空港ロビーを占拠

この理不尽な条約を結ぶことに対し、調印前年の59年、非武装中立を唱える社会党と多くの労働組合を束ねる総評を軸にした安保条約改定阻止国民会議（国民会議）が結成され、反対運動をリードした。冒頭に書いた岸の渡米に、国民会議は当初、羽田での行動を計画したが、直前になって回避、日比谷での集会にトーンダウンした。なぜか。わずか2カ月足らず前の59年11月26日、傘下団体の一つである全国学生自治連合会（全学連）と労働者が、国会に突入し6時間にわたって構内を占拠した。前代未聞、「革命前夜」とも形容された事態だった。国民会議の指導部は、羽田で再び混乱することを恐れたとされる。

全学連はこの方針に不服だった。岸の全権団の出発時間が繰り上がったのをキャッチして15日夜、警戒線を突破した。約700人が空港ビルのロビーを占拠、バリケードを築いて決起集会を開く。スクラムを組み、革命歌「インターナショナル」を高唱した。退去させるために実力行使を始めた警官隊と激しいもみ合いの末、唐牛《かろうじ》健太郎委員長ら80人近くが検挙され、残りが空港外に放り出された。混乱が収束したのは16日未明。その後、冒頭に書いたように、岸の全権団がこっそりと出発した。これで「ゼンガクレン」は海外にも知られるようになり、ジグザグデモは「スネークダンス」と翻訳された。

羽田で検挙された中に、女子学生が2人いた。東大文学部の学友会副委員長、樺《かんば》美智子と女子美術大の学友会委員長、下土井《しもどい》よし子で、ともに3年生。2人とも不起訴処分になり、18日後に釈放された。このあとメディアが2人に取材攻勢をかけ、下土井は新聞や週刊誌で「全学連ナデシコ」とアイドル扱いされた。メディアは「警視庁のご飯をペロリ」などと書いたが、なぜ安保に反対するのかという彼女の主張には耳を貸そうともしない。樺美智子は取材をきっぱりと断り続ける。だが、中央大教授である父の俊雄が「全学連に娘を奪われて―羽田空港事件で東大生の娘を検挙された父親の手記」を『文藝春秋』60年3月号に発表したことから有名になる。俊雄の手記は「国会乱入事件後における全学連指導者の狂人じみた英雄気取の言動が国民のあいそづかしをどれだけ増したことか」と全学連の国会突入と羽田闘争を非難する。

よもや自分の娘が参加していようとは夢にも思わなかったと明かし、娘が「馬鹿げた事件」に巻きこまれたのは「なんといっても大学の友人仲間のうちに原因があったとしか考えられない……単純な考えで正義感にかられると、情熱的な行動をする性質が娘にはあったらしい」と推測した。このことが5カ月後の娘の死につながっていった可能性がある。のちに俊雄は、あの文章は娘をよく知らず、取り乱したための誤解であったと書くが、娘は激しく反発した。友達に誘われたからではなく、単純な正義感だけからでもない。彼女は明確な政治的意志をもって、学友たちをオルグして羽田に向っている。仲がよかったという母親にも告げず、旅行に行くと見せかけて家を出ている。

60年5月19日に自民党が衆院で安保条約の批准を強行採決すると、学生、労働者、市民ら何十万人もの人が連日十重二十重に国会を取り巻き、条約に反対した。その闘争のさなか、樺美智子は国会構内で命を落とす。勉強好きの真面目な学生で、研究者を目指していたという。彼女はなぜ命の危険をも冒すほど、情熱を傾けて闘争にのめり込んでいったのだろうか。激しい反対運動にもかかわらず、安保条約は60年6月19日、参院の議決なしで自然成立する。それと引きかえのように岸内閣は退陣し、熱気にあふれた運動の波も引いていった。あの運動は何を残し、何を残さなかったのか。新たな取材資料も合わせ、樺美智子の生と死を重ね合わせて、それを探りたい。

（2020年2月25日）

樺美智子とは何者だったのか

恵まれない人への強い関心から闘争へ

安倍晋三の祖父、岸信介が首相に就任したのは1957年2月。3年後には民意を踏みにじって米国と強引に新安保条約を結ぶことになる。これに反対する闘争の中で、伝説的人物として語られる樺美智子が、東大に入学するのは57年4月。その月のうちに「原水爆実験反対」のデモに参加している。

岸内閣が退陣に追い込まれたのは3年半後の60年7月であり、樺美智子が22年の生涯を閉じるのは60年6月だった。現実には決して交わることのなかった2人だが、登場と退場の符節は一致する。痛み分けとするには、断たれた彼女の未来があまりにも惜しい。

樺美智子は1937年11月、東京で生まれた。父俊雄は大学教員、母光子も日本女子大卒という知的な家庭だった。豊かで自由な環境でのびやかに育てられ、兄が2人いるが、両親は女の子だからと差別はせず、娘に期待を寄せている。戦時中に疎開して8年余、静岡県の沼津で暮らした。富士山を目の前に仰ぐ風光明媚な地だが、漁村は貧しい。まともに食事をとれない「欠食児童」が少なくない戦後、樺家のハイカラな暮らしぶりと、彼女が飛び抜けて優秀だったことが語り草になっている。感受性の強い彼女が、貧富の差に気づき、恵まれてあることの後ろめたさを感じたのは、この時期だったと思われる。

高校で性差別に関心

父が神戸大の教授になったことから、中学1年で兵庫県芦屋市に転居し、県立神戸高校に進む。勉強やスポーツに励み、読書欲も旺盛だった。宮本百合子を愛読し、主人公の感じ方が自分と似ていると、友人に打ち明けている。「時間が足りない」が口癖。高校2年の終業式の日、母親に「今年は私は1時間も無駄にしなかった」と晴れ晴れとした表情で話し

樺美智子。全学連慰霊祭の遺影

たという。

まっすぐな性格だった。おかしいと思ったら、相手が教師であっても臆せず主張する。

男子が多い神戸高校で、早くも性差別に疑問を持つ。自治会の役員になぜ女子が立候補しないのか、体育祭の練習はいつも男子優先で女子が待たされるのはなぜなのか。そんな問題提起をして、全校アンケートまでした。

京大総長の滝川幸辰が高校に講演に来て、女子は良妻賢母がいいと話したときは、気色ばんで滝川に抗議しようとして友人に止められている。炭鉱不況で鉱夫の家族が困窮しているのを知ると、救援カンパを集めて送った。恵まれない人への関心から社会主義思想に傾斜していく。時代は政治の季節であり、学生だけでなく労働者も市民も、街頭デモやストライキで政府や資本家への抗議の意志表示をした。特に米軍基地の拡張や米英の核実験には各地で抗議運動が燃え上がった。

神戸高校卒業のとき,左端が樺美智子

ブントの書記局を支える

東大に入学した直後にクラスの自治委員に立候補し、デモにもしばしば参加している。一方で学業も手を抜かず、歴史学研究会でサークル活動もしながら、社会科学系の本を多読した。岸信介のほうは首相就任後まもなく、自衛のための核兵器保有は憲法解釈上、禁じられていないという趣旨の答弁で物議をかもす。政権発足から4カ月後には米国を訪問し、安保条約改定に関わる協議を開始。反対勢力を抑え込む意図で警察官職務執行法（警職法）改正案を国会に提出したが、激しい反対運動が起こって法案は流れる。

安保反対運動をリードしたのは、社会党や総評を中心とする安保条約改定阻止国民会議（国民会議）だった。しかし、その傘下団体である全日本学生自治会総連合（全学連）の主導権を握ったのは、共産党を離党した学生らによって58年11月に結成された前衛党を名乗る共産主義者同盟（ブント）である。樺美智子も早い時期からブントに加盟し、書記局を支えている。

ブントは日本帝国主義打倒を掲げた。安保条約を葬ることを目標とし、より先鋭な運動方針を打ち出す。これに対して共産党系

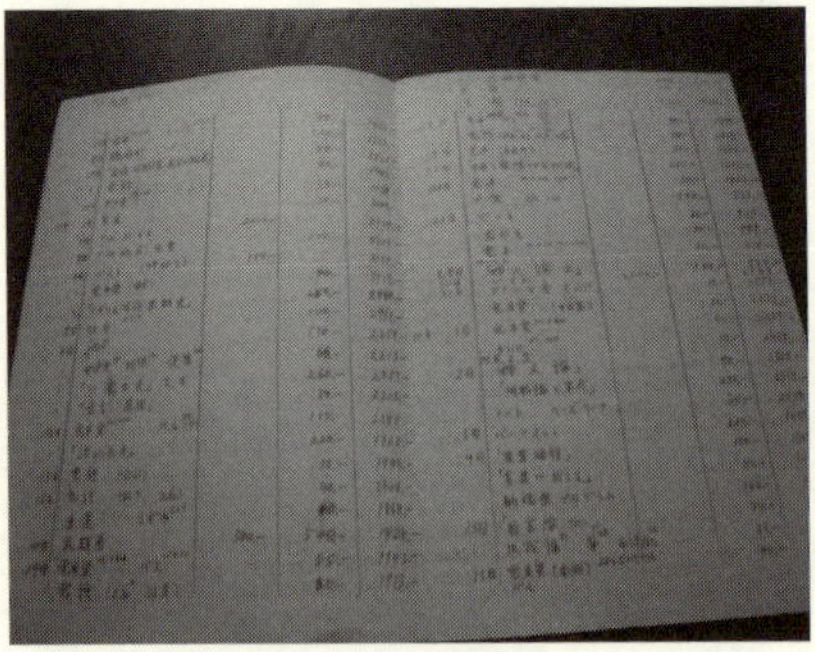

樺美智子の1957年11月の小遣い帳。
自分の楽しみのための支出がほとんどないのに、
運動や困っている人の支援には出費を惜しまない

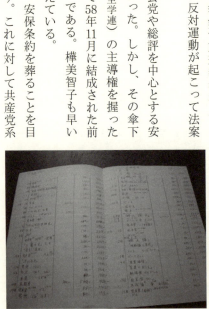

の学生らは、全学連の反主流派として、ゆるやかなデモ行進から流れ解散で抗議の意志を示した。権力を握る者への対抗軸がまとまらない構造は今に続く。

樺は3年の秋に文学部学友会の副委員長になり、学友たちに主流派の方針を説得する。59年11月27日の国会突入と、翌年1月16日の羽田ロビー闘争に参加したのも当然のことだった。羽田闘争で検挙され、18日目後に釈放されて。お.c帰ってきた美智子は、父が『文藝春秋』に書いた「全学連に娘を奪われて」という文章に肩身の狭い思いをしながら、かえって強い意志で運動にのめり込んでいく。

60年4月26日、全学連は首相官邸に突入する。唐牛《かろうじ》健太郎委員長ら幹部は装甲車を乗り越えて警察官の群れに飛び込み、逮捕された。樺も装甲車を乗り越えたという人がいるが、真偽は不明だ。その日の夕方、九州に転勤する次兄を見送るため、東京駅に現われた彼女は泥だらけだった。

5日後のメーデー。心配する母は街頭に出て、デモの隊列の中に娘を発見する。隊列は「アンポ」「ハンタイ」を連呼している。

「東大文学部自治会の旗の長いすそが娘の黒い髪の上を何度もなぜて、私がみつめている姿をその度にかくした。私は動く気力もなくたたずんで、心に残るその影を追ったのだった」（樺俊雄・樺光子著『死と悲しみをこえて』）。娘の闘う姿を見るのは、これが最後になる。闘う娘と見守る母の姿が浮かんできて、読むたびに目頭が熱くなる。

（2020年2月26日）

日米安保60年(3)

逃げずに闘い続けた
樺美智子

国会の暴力から「革命前夜」に

昨年(2019年)、香港で逃亡犯条例の改正案に反対して市民の激しい抗議デモが起こり、持続的な運動になった。その最前線に若者たちがいた。それに比べて「日本の若者は政治に関心が薄い」と嘆く声も上がった。

特定秘密保護法が制定されても、自衛隊が海外に派遣されても、若者の多くはスマホに目を落したままのように見える。60年前、日米安保条約に反対して立ち

1959年、教育実習先の笹塚中学校の運動会での樺美智子。生徒の1人が写した

上がった若者たちとどこが違うのか。

60年安保闘争のときの学生たちを当時のメディアは、こぞって「はねあがり」「赤いカミナリ族」などと批判した。カミナリ族は集団でバイクなどを駆る若者たち。今で言う「暴走族」で、そこに共産主義を意味する「赤」という形容詞を付している。しかし、体を張って行動した学生たちや、それに続いた民衆の姿に、革命の未来を見た人もいた。それをあながち幻想と呼べないほど運動が盛り上がっていったのは、１９６０年5月20日以降である。

反対運動は国民運動ともいうべき様相を呈した。デモ隊は雪だるま式にふくれあがった。この年、早大に入学したばかりの一般学生のわたしが、手作りの旗を持って、サークルの仲間たちとはじめて街頭デモに参加したのも、５月20日だった。画期をもたらしたのは何か。

5月19日深夜から20日未明にかけて、衆議院で新安保条約、新行政協定（地位協定）、関連法案の３案が強行採決されたのだ。警官隊５００人を入れ、秘書も使って、反対する野党議員をゴボウ抜きにした。国権の最高機関が暴力で支配された。もちろん討論は行われていない。

与党が民主主義を踏みにじり、議会政治を崩壊させたことで、安保闘争の風景は一変する。政府攻撃の世論は日に日に高まり、衆議院の解散と岸信介内閣の退陣を求める戦後最大の大衆運動に発展した。

社会党と総評を中心とする安保改定阻止国民会議（国民会議）は、連日デモを組織し、今まで動かなかった市民団体、女性団体、学術団体、全国の大学の教授団も相次いで声明を出し、組織に属していない主婦や商店主も街頭に出た。30歳の画家、小林トミが一人ではじめた「声なき声の会」の旗のもとに、たちまち300人もの行列ができた。文学者や芸術家、芸能人やプロ野球選手も岸内閣を責める発言をしている。

樺美智子はその春、東大4年に進み、文学部学友会の副委員長の任期が終わる。これからは卒論に集中すると周りにも宣言し、力を入れはじめた矢先、皮肉にも反対運動が日ごとに盛り上がっていった。樺が所属する共産主義者同盟(ブント)は全学連主流派を指導し、国民会議の請願デモを「お焼香デモ」と批判した。穏健なデモを揶揄した言い方である。主流派は5月26日に国会に、6月3日には首相官邸への突入を試み、多くの検挙者を出す。

そんな過激な闘争から足を洗って、公務員試験や司法試験、就職活動、大学院進学の準備に向かう学友もいたが、樺は逃げなかった。睡眠時間を削って卒論の準備を進めながらも、デモに出かけた。

ハガチーの車がデモ隊に囲まれる

亡くなるまでの1カ月、さまざまな顔を友人たちに目撃されている。ゼミのレポート作成のため、先輩に熱心に質問する後ろ姿を写真に撮られている。渋谷の横断歩道ですれ違った学友もいる。樺は母親と腕を組み「温和で、嬉々とした」笑顔だったという。

デモに行く地下鉄でマルクス・エンゲルスの共著『ドイツ・イデオロギー』を膝に広げて居眠りをしていても、いざ現場に立つと勇敢な闘士になった。首相官邸突入をひるんだら、彼女に腕をむんずと掴まれスクラムを組まれたと、回想する男子学生もいる。どんな場面でも、いい加減にとか、適当に、ということができない人だった。

6月10日、羽田でハガチー事件が起きた。アイゼンハワー米大統領の来日が予定されていて、その下見のために秘書のハガチーが羽田に着く。しかし、ハガチーを乗せた車はデモ隊に取り囲まれ、ヘリコプターで脱出する騒ぎになった。取り囲んだのは全学連の主流派ではなく、共産党系の反主流派と労働者の集団だった。

それが主流派のブントの焦りをよぶ。これでは全学連の主導権を反主流派に奪われてしまう。これまで中心を担ってきた指導者たちの多くが逮捕され、不在の中で、慌てて「6月15日国会突入」という方針をうちだした。

国会構内では「鬼の4機」と呼ばれた屈強の第4機動隊が重装備で待ち構えていた。一方、デモ隊はと言えば、のちの全共闘運動のときと違い、ボール紙で作ったプラカードや布の旗だけ。足元はズックや下駄履きもいる。女子はスカート姿がほとんどだった。武器はみんなと固く組んだスクラムだけ。正面からぶつかれば、誰かが死ぬかもしれない。指導部には「死者が出るのではないか」と、不幸な予感を持つ者もいた。そして、その予感は的中してしまう。

（2020年2月27日）

日米安保60年（4）

樺美智子「運命の日」

警官隊と衝突、斃れる

日米新安保条約は、１９６０年５月20日に衆院で強行採決された。これにより、参院の採決なしでも１カ月後の６月19日には自然成立することになった。そのタイムリミットの４日前、６月15日が、樺美智子にとって運命の日となった。

反対運動を主導した安保改定阻止国民会議（国民会議）はこの６月15日をヤマ場とし、全国に統一行動を呼びかけた。国民会議の中心となった総評傘下の組合を中心に、全国で実に５８０万人が抗議行動に参加した。今では考えられない規模だが、軍事同盟に対する拒否感情はそれほど強かった。戦争の記憶が色濃く、平和への希求は切実だったのだ。

その日、東京のデモ隊は、国会、首相官邸、アメリカ大使館などを目標とした。統一行動の模様を伝える朝日新聞夕刊1面の見出しは「六・一五統一行動／大した混乱なし」。至って穏やかなスタートだった。夕刊締め切りの午後の早い時間までは。全学連主流派のデモは午後4時ごろから始まった。全学連委員長代理の北小路敏《さとし》、都学連副委員長の西部邁《すすむ》らが乗った宣伝カーが先導し、東大、明大の順で各大学が続き、最後尾の早大とつながったまま国会を2周。先頭集団に樺もいた。

同じころ、国民会議が主催する請願デモも続々と国会周辺に集っていた。そのなかの新劇人グループや市民のデモ隊に、右翼の「維新行動隊」がカシの棒で殴りかかった。女性の多い新劇人と市民約70人が負傷したのに、警察官が傍観していたと学生たちに伝わり、怒りの引き金を引いた。

全学連デモ隊の中の「工作隊」が国会の南通用門の扉を外した。守備側がバリケードにしていたトラックを、学生たちが引っ張りだす。構内には約1千人の武装警察官と100人を超える私服警官がいたが、一瞬うしろに引いた。誘われるように入り込んだ学生たちを警察が包囲した。指揮者の「かかれ!」の合図で、警棒を振りかざして「やっつけろ」とかかってくる。前の方にいた学生は、警棒で頭、顔、肩を乱打され、腹を突かれた。逃げ出す者を追い、うずくまっている者を叩いて、後方の私服警官に検束させた。社会党の議員や報道関係者が制止しても、警官隊の暴行はやまなかった。混乱のなかで樺は斃れた。これが第1次の激突である。

遺体の顔は微笑んでいるようだった

女子学生が死んだと門外の学生たちに伝わり、再び学生が構内に入る。9時ごろ構内で黙祷した。その後、また学生と警官隊がぶつかり、多くの負傷者が出た。警察側は門の外の学生たちにも催涙ガス弾を撃ち込み、逃げるのを追って警棒を打ちおろした。学生を心配して国会周辺に集まっていた教員や大学職員にも襲いかかり、教授陣からもけが人が出た。16日午前2時ごろまで続いた激突で、学生の検挙者182人、負傷者は589人で、うち43人が重傷を負う。救急車が48台も出動した。樺は救急車で飯田橋の警察病院に運ばれた。文学部学友会委員長の金田晋《かなたすすむ》と同期生の北原敦《あつし》が呼ばれて遺体と対面し、樺美智子と確認。金田はそのままパトカーに乗せられて西荻窪の樺家に行くが、留守だった。

時間を少し巻き戻して、この日の樺の行動をたどろう。

いつものように半徹夜で勉強をした樺は、朝になってクリーム色のカーディガンにチェック柄のスカート

亡くなる数時間前、デモ行進する樺美智子

で家を出た。午前中は近世史のゼミでレポーターを務め、昼食後、スラックスに着替えて地下鉄で国会正門前に行き、抗議集会に参加する。雑誌『マドモアゼル』(小学館)の記者がデモに伴走しながら、写真を撮らせてくれと頼むが、「わたくし、こまるんです」と断っている。

マドモアゼルの記者は樺に、この行動によって国会を解散に追い込み、安保改定を阻止できると信じているのかと問いかける。樺はこう応じた。

『『はい、信じています。わたくしはわたくしの信念にしたがって行動しているんです』。一瞬、あなたの声は強くはりつめて、その語尾は、泣くかのようにふるえていた」

南通用門前の学生たちに警官隊が放水し、彼女はビニールの水玉模様の風呂敷で頬かぶりした。その姿がお茶目で周囲の者が笑った。同期の榎本暢子と卒論の進行具合を話し合ったのが最後になった。死亡推定時刻は15日午後7時10分から13分ごろ。父の俊雄は、学者・研究者グループによる「民主主義を守る会」の抗議デモに初めて参加し、騒がしい南門前に行き、死者がわが娘とは知らずに黙祷している。現場を離れ食事に立ち寄った店のラジオで娘の名を聞き、深夜、東京・飯田橋の警察病院に駆けつける。母の光子も娘を心配してひとりで国会周辺に行くが様子がつかめず、池袋の実家に帰り着いた。遺体と対面を果したのは夜明け近く。遺体の顔はきれいで、微笑んでいるようだったという。

(2020年2月28日)

日米安保60年〈5〉

樺美智子、死因の謎

圧死説と扼死説

樺美智子の死因については、圧死説と扼死説があり、60年を経た今も謎のままである。圧死であれば、国会構内でのデモ隊と警官隊の衝突の中で、デモの隊列が崩れ、下敷きになったことになる。首を絞められた扼死であれば、加害者は故意の殺人罪に問われよう。

死後約3時間半後、6月15日午後10時42分から検視した監察医の渡辺富雄は「圧死の疑い」とした。ただし、父親に渡す死亡届の用紙には死因を「不詳」と書いている。当時の週刊誌への寄稿で、父親に「圧死の疑い」とするのは「忍びがたく」と説明したが、医師が死因を虚偽記入する理由としては、説得力がない。司法解剖は翌16日。遺体は慶応大法医学教室に運ばれ、中館久平と中山浄が執刀した。その前半だけ、東大医学部教授上野正吉も同席した。

中館の鑑定書は、扼殺されたとも、そうでないともいえるというあいまいな表現だった。傷害致死の疑いで捜査していた東京地検は、上野に再鑑定を依頼する。再鑑定の結論は、警察官との接触はなく、デモ隊の人なだれの下敷きになった窒息死、つまり圧死だった。

これに対し、解剖に立ち会った社会党の参院議員で医師の坂本昭の見解は扼死。現場の写真や証言を集め、樺のいたデモの先頭近くでは「人なだれはなかった」と断定する。さらに、膵臓と頸部に出血があったことから、警棒で腹部を強く突かれて気を失い、首に手をかけられて窒息死したと結論付けた。坂本は参院法務委員会で法務省を追及、死体検案書と中館・上野の鑑定書の公開を求めるが、法務省は拒否した。

近年まで扼死を主張し続けた人もいる。医師で詩人の御庄博実《みしょうひろみ》（本名・丸屋博）は、執刀した中館のプロトコール（口述筆記）を伝染病研究所（現・東大医科研）の草野信男に届け、草野の所見をまとめた。「扼死の可能性が強い」という内容だった（「樺美智子さんの死、五十年目の真実―医師として目撃したこと」（『現代詩手帖』２０１０年７月号など）。御庄は２０１５年に亡くなっている。

わたしは関係資料を調べ、国会構内に入った樺の学友たちに会い、坂本の遺族や御庄にも取材した。その結果、扼死の心証を得たが、決定的な証拠がない。真相を明らかにするため、死体検案書と２つの鑑定書の公開が望まれる。

捏造証言で印象操作か

扼死か圧死か。決定的な証拠がないのに、圧死と思っている人が少なくない。ネット上の百科事典『ウィキペディア』の「安保闘争」の項も、圧死と断定して記述する。これには当時の新聞報道も影響しているのではないか。

樺が死亡した翌朝、6月16日の朝日と毎日がそろって、樺の隣でスクラムを組んでいたという明治大学生の証言を載せた。警官隊とぶつかり、うしろから押してくる学生集団に圧迫されて人なだれが起きた。樺は学生のドロ靴に踏まれて死んだというリアルな証言である。週刊誌などもこの学生の話を載せた。

しかし、住所氏名まで出ているこの学生は実在しないことが判明している。捏造された証言である可能性が高い。誰がどのような意図で証言したのか。

父親の俊雄は、60年1月の羽田ロビー闘争で娘が検挙されたときは、彼女が学生運動に深入りしていることを知らずに『全学連に娘を奪われて』(『文藝春秋』3月号)を書き、全学連を批判したが、このころには娘の行動に理解を示し、新聞報道に厳しい目を向けている。

『中央公論』60年8月号には「体験的新聞批判」を寄稿し、娘の死を伝える6月16日の朝日新聞朝刊を例に検証した。11版社会

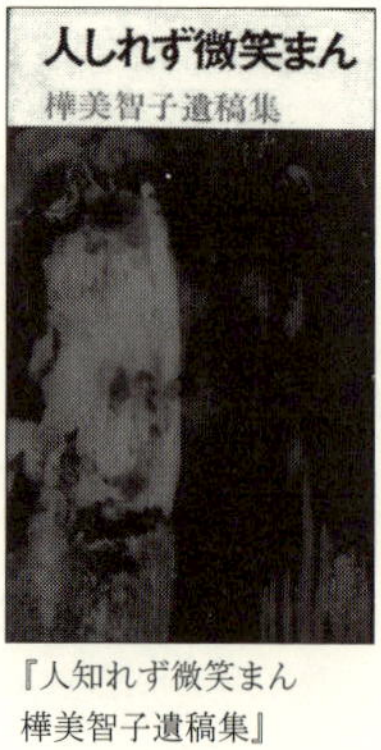

『人知れず微笑まん
樺美智子遺稿集』
三一新書

面の見出し「学生デモに放水」が、12版では「デモ隊警察の車に放火」にかわる。11版の「まるで野戦病院」は学生の負傷者の惨状を報じるが、12版でこの記事が消え、13版では「暴力は断固排す」という政府声明が加わる。

早版と遅版の違いは、第一線の取材記者のなまなましい現地報道が、上級幹部の意図に反するからだと分析している。

幹部の意図の浸透を示すように、各新聞の論調が政府の主張と軌を一にして暴力追放を強調するようになり、6月17日朝刊では東京に拠点を置く主要7紙が「七社共同宣言」を掲載。「理由のいかんを問わず、暴力を排し、議会主義を守れ」と呼びかけた。

『中央公論』で俊雄は、この宣言文の「その依ってきたる所以は別として」を挙げ、混乱の根本の原因である政府・与党の非民主的な行動（国会に警官隊を導入した強行採決など）を不問に付していると指摘した。

また「暴力ということについていうならば、単にデモ隊の暴力だけをとり上げるべきではない」。武装警官が「非武装の国民大衆のデモ隊にむかって行使した暴力」こそ糾弾されるべきだと述べている。説得力のある議論を展開した。

同年9月刊行の『最後の微笑』では、官の責任について次のように述べる。「娘の死という事実について、自分にその責任があ

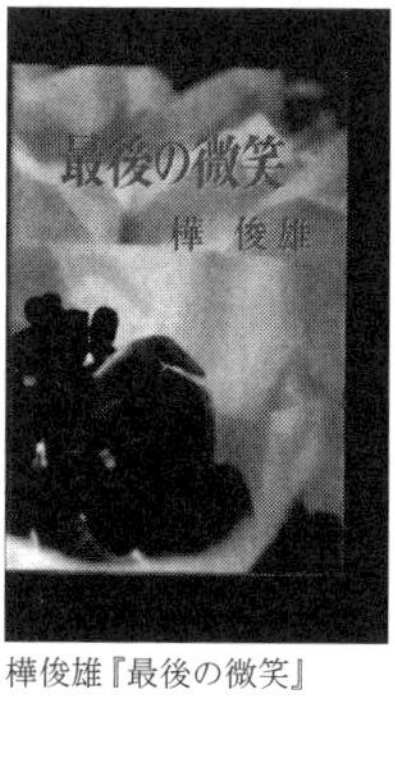

樺俊雄『最後の微笑』

ると申し出られた人が一人も現われないのはおかしいという気持ちです。虐殺にしろ、事故死にしろ、ああいう公けの事件で、公けの場所で死んだのでありますから、その公けの立場にある誰かが、娘の死について哀悼の意志を表明してもいいのではないでしょうか」「娘のとった行動が法の秩序を破るものであったとしても、娘が死んだという事件はまた別の事実であります。かりにその死が事故死であったとしても、そこに出動していた多数の警官にはその死を阻止する義務があったのではないでしょうか」

父の視点は、直接の関係者・関係当局の責任だけでなくもっと深い所まで届く。「それらの関係当局をこえた岸内閣の政治的意向が表れていると思われてなりません」

俊雄は１９８０年に亡くなる最晩年まで一貫して、娘は警官に扼殺されたと主張している。

（２０２０年2月29日）

日米安保60年（6）

樺美智子が投げかけた問い

支配するのは男、手足は女

２０１９年春、東大入学式での上野千鶴子の祝辞が話題になった。東大入学者の女性比率が２割の壁を越えていないことや、東大男子と他大学の女子だけで構成されるサークルがあることなどを列挙して、性差別が温存されていると指摘した。

樺美智子が東大に入学した１９５７年はどうだったのか。入学者の女性比率はわずか３・１％。将来を期待されていいはずの彼女たちについて、東大文学部学生掛の尾崎盛光（のちに文学部

1960年6月24日の「国民葬」。
葬列は日比谷公会堂から国会へ向かった

事務長）が『週刊東京大学新聞』（58年9月17日）に「東大花嫁学校論」を寄稿している。趣旨を要約すれば次のようである。これからは国際社会で活躍する外交官、学者、音楽家などの夫人の需要が増える。こうした大型ホステス向きの夫人を養成できる花嫁学校はどこにもない。東大女子学生諸君はすべからく「わたしは日本最高の花嫁学校にいる」という誇りを持つべきだ。

こんな女性観がまかり通っていた時代、この根深い性差別を、樺は社会主義やマルクス主義に拠って解決しようとした。そして前衛党を名乗る政治集団、共産主義者同盟（ブント）に参加した。だが、ほとんど結成メンバーのような立場でありながら、与えられた役割はガリ切りや同盟費の集金といった雑務ばかりだった。ガリ切りとは「ロウ紙」と呼ばれる原紙に、鉄筆でガリガリと文字を書き込む作業で、その部分だけにインクが入って多くの紙に印刷できる。ビラ作りなどには不可欠の、しかし、恐ろしく根気のいる作業だ。樺はいつもガリ切りをしていたと、周囲は証言する。

支配するのは男、手足になって働くのは女という構図のなかで、組織に忠実であろうとして消耗した。性別役割分業を批判してウーマンリブが声を挙げるのは10年後である。リブには安保世代も少なからずいる。彼女の願いが受け継がれたのだと思いたい。安保闘争を主導した国民会議も、報じるメディアも、全学連の行動に否定的だったが、樺の死によって評価が一変する。死の3日後の6月18日、東大で「樺美智子さんの死を悼む合同慰霊祭」が全学を挙げて行われ、教職員と学生約6千人が本郷から国会まで喪章を付けてデモ行進した。23日と24日には日比谷公会堂で全学連葬と国民会議主催の「国民葬」が続けて行われた。

「可憐な少女」拒否する実像

国民会議が盛大なセレモニーを主催したのは、全学連に世間の同情が集まるなかでの政治利用に見える。式後、長い隊列が彼女の死の現場となった国会の南通用門前まで続き、群衆が沿道で手を合わせて見送った。その人波は、約1年前の59年4月に行われた皇太子（現・上皇）と正田美智子（現・上皇后）の結婚パレードに匹敵し、樺は悲劇のヒロインに祭りあげられる。

この過程で樺は、ラジカルな学生運動家ではなく、デモに巻きこまれて犠牲になった真面目な一般学生というイメージに仕立てあげられる。被害者として、美化されていく。

葬儀をプロデュースした脚本家松山善三の「この暴挙許すまじ　6月19日午前0時　歴史の瞬間に立って」（『週刊朝日』7月3日）を読むと、それがよくわかる。

「セーターに身をつつんだ可憐な少女のつぶらなひとみが、はっきりと物語っている。一ファシストに牛耳られたおろかな不安な日々の政治下になかったならば、彼女の未来には、恋や

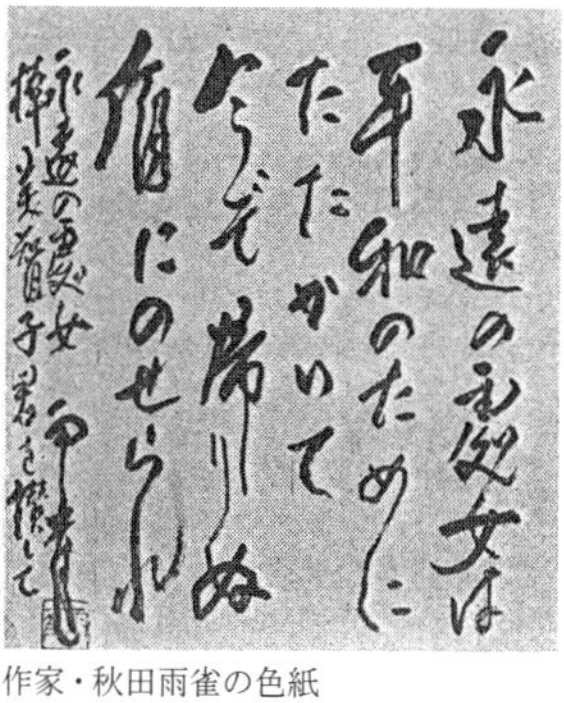

作家・秋田雨雀の色紙
「永遠の処女は平和のためにたたかいて
今ぞ帰りぬ盾にのせられ」

結婚や育児という、輝かしい、そして美しい人間の生活があり得たはずだ」

22歳の女性を「少女」とみなすのはおかしい。彼女は成熟した大人であり、明確な政治的意志をもってデモに参加し、斃《たお》れたのだ。女子学生の未来に、恋や結婚や育児を置き、それが「輝かしい」とか「美しい人間の生活」と形容するのも、枠に閉じこめるものだ。当時、大学1年だったわたしは、激しいいらだちを覚えた。

松山善三や東大花嫁学校論の尾崎だけではない。近年でも「清楚な姿の写真を見るにつけ、彼女は進んで学生運動に身を投じるタイプには見えない」と書く男性ジャーナリストがいる。「可憐」や「清楚」を求められても、樺なら断固拒否するだろう。

平和憲法と衝突する安保条約

樺の死は政治に激動をもたらした。

6月16日、政府はアイゼンハワー米大統領の訪日を断念する。18日は空前絶後の反政府デモとなった。「岸内閣打倒、国会解散、安保阻止、不当弾圧抗議」を掲げた国民大会に33万人が参加。4万人が首相官邸前に徹夜で坐りこんだ。官邸突入という情報もあって、首相の岸信介は蒼白になって震えだし、自衛隊出動を要請したと伝えられている。

防衛庁長官の赤城宗徳が要請を断ってことなきを得たが、自衛隊が市民に銃を向ける寸前までいったのだ。全学連主流派はこの大群衆を前に方針を出せなかった。衆院での強行採決から1カ月後、6月19日午前零時、新安保条約は自然承認された。このあとも国民会議の反対行動は続き、22日には全国で111単産、540万人が参加した。岸は23日、ついに辞意表明する。

高揚した国民運動の波は去って、中核を担ったブントも解体する。学生運動は四分五裂し、党派間の激しい争いも起きた。一方で安保闘争のエネルギーはのちの、ベ平連運動や反公害などの多様な市民運動に形を変えて引き継がれ、育っている。

だが、日米安保条約は廃止も改正もされずに残り、軍事同盟が一貫して強化されてきたことも事実だ。安倍晋三首相は、この安保体制の下で憲法改正を狙う。3年前の6月15日には、共謀罪法案を参院法務委員会の採決抜きで、いきなり参院本会議に持ち込み、強行採決した。民主的な手続きを無視し、開かれた議論を拒むやり方は、祖父を想起させる。オリンピック・パラリンピックの狂騒のなかで、あるいは、新しい感染症の恐怖や他国の脅威を利用して、戦争体制に突き進もうというもくろみを警戒しなくてはならない。

安保条約は60年後の今も、わたしたちの日常を縛り、憲法の平和主義と衝突している。それなのに、沖縄をはじめとする基地の町以外で、樺美智子が命をかけて投げかけた問いを、わがこととして受け止める動きは少ない。それは樺の死後、その実像を受け止めず、美化してしまったことと、無関係ではないだろう。

（2020年3月1日）

闇の中で聞いた樺美智子の悲鳴

東大同級生の回想

今年（2020年）は60年安保闘争から60年の節目の年だが、当時を知る人が少なくなったうえに、コロナ禍の影響もあって関連報道が少ない。中止や縮小開催に追いこまれたイベントもある。

それでも6月10日、「戦争NO！安保60の会」主催で記念講演会が、国会近くの憲政記念館で開かれた。大学生のとき、その闘争を体験した作家の保阪正康が講演で「わたしたちが真にあの体験で何を得たのかを、きちんと語り継いでいないことに弱さがある」と語った。

炎天の6月15日には「9条改憲阻止の会」主催の「樺美智子追悼集会」があった。彼女が斃《たお》れた国会南門に遺影を供えて献花、黙祷したが、70人ほどの参加者はシニア世代ばかりで、若い人の姿はほとんどなかった。

60年前、国民運動とも言われる反政府運動があり、学生や労働者や市民が安保反対・岸内閣退陣を要求して国会議事堂を十重二十重に取り囲んだ。樺美智子は6月15日、国会構内に突入して亡くなる。彼女はなぜ実力行使に出たのか。その理由も今ではあまり理解されていないように思う。のちの全共闘運動と混同している人も多い。

樺美智子と当時の学生運動を知るために1冊の本を紹介したい。長野県松本市の図書館長などを務めた手塚英男が、この4月に同時代社から刊行した『薔薇雨《ばらう》1960年6月』である。「薔薇雨」は樺が亡くなった6月の雨に手塚が与えた名。「樺美智子との出会い・共闘・論争そして訣別」というサブタイトルのとおり、樺と東大で同級生だった著者の体験を、小説の形で描いている。著者は「私」、樺は「彼女」として物語が展開する。

共に戦った勤評、警職法反対闘争

1957年に東大文科二類（現在の三類）に入学した2人は、イギリスの水爆実験に反対するデモで出会い、米軍立川基地の拡張に反対する「砂川闘争」でもスクラムを組む。

「私」はアルバイトをしながら、セツルメント活動（学生の地域ボランティア活動）に打ち込み、

「彼女」は歴史研究会に所属して歴史を動かす原理の探求を目指す。２人は前後して日本共産党に入党、迫り来る安保闘争を予感しつつ、教員に対する勤務評定に反対する日教組の勤評闘争や警察官の権限を強化する警職法反対闘争を共に闘う。だが、やがて訣別のときがくる。58年12月、共産党の学生党員らが脱党して、より先鋭的な思想・方針を掲げ、共産主義者同盟（ブント）を結成する。

「彼女」はブントに加わるが、「私」は指導者たちの革命理論に危うさを感じて、たもとを分かつ。「激越な言葉は人を熱狂させるが、熱狂は冷めやすく、分解しやすい」。そう危惧したのだ。

大学１年の秋、２人が論争する場面がある。「彼女」は地域実践に足場をおく「私」に対して「理論のない実践は不毛だ」と批判する。「私」は、実践を通じて理論を構築するのだと反論し、論争は平行線をたどる。２人の考え方や感性の違いが浮き彫りになり、やがて来る別れを予感させるやりとりだ。

高揚する安保闘争の渦中で文学部学友会副委員長になった「彼女」は、全学連主流派として羽田事件で逮捕されるなど過激な闘争で消耗していく。「私」は自分とは別のデモの隊列のなかに「彼女」の姿を見かけるが、もう言葉を交わすことはない。そして６月15日、全学連反主流派の一員としてデモに参加した「私」は、流れ解散をして家に向かう闇のなかで「彼女」の幻の悲鳴

手塚英男『薔薇雨　1960年6月』

を聞く。

気になるのは、ブント結成の折の指導者たちの予言だ。「この新組織のもとで、誰かが命を落とす。指導部はそこまでの覚悟をして、革命の道を切り開こうとしているんだ」。予言が当たって命を落としたのは、指導部の誰かではなく「彼女」、つまり樺美智子だった。

闇のなかで聞いた悲鳴が絶えず背中に張りついて離れなかったという著者。そのペンは、行く道を異にした彼女の行動を冷たく突き放すのではなく、その一途さを愛おしみ、どこまでも温かい。

手塚は大学卒業後、出身地の松本に帰り、セツルメント運動の延長ともいうべき社会教育活動に取り組む。81歳の今も住民の学習・文化・地域づくりの活動に勤しんでいる。安保闘争は戦後大衆運動の原点、昔語りとして風化させてはならないとの思いから本書を出版したという。

日本共産党は当時から一貫して、樺美智子をトロツキストとして批判し、触れることを事実上タブーにしてきた。女性史分野でもほとんど研究対象にしてこなかった。しかし、タブーは解けつつあると聞く。党派を超え、当時の国際関係や社会状況を踏まえて、60年安保闘争全体の輪郭と細部を検証し、歴史に位置づける必要がある。あのとき形作られた日米の軍事同盟は、いまも日本社会のありようと国際的な位置を根本で規定している。樺美智子の生と死も、ノスタルジーでなく、その文脈で再把握されなければならない。

(2020年6月23日)

樺美智子「想い人」Sとは誰か

想いを寄せる人がいるのです

日米安全保障条約の改定に反対する60年安保闘争に身を投じ、61年前の6月15日、警官隊と衝突して死んだ樺美智子には、没後にまとめられた遺稿集『人しれず微笑まん』がある。遺稿集を通じて後に彼女を知った人たちも含め、関係者の間でしばしば話題となるのは、22歳だった彼女に「想う人」はいたのか、いたとすれば誰だったのかということだ。

拙著『樺美智子　聖少女伝説』（文庫化されて『樺美智子、安保闘争に斃れた東大生』と改題）の取材を続けるうちに、それは兵庫県立神戸高校の同級生の1人に絞られていった。彼に「会って話が聞きたい」と何度かアプローチしたが、なかなかかなわず、1年半前の2019年12月にようやく会うことができた。その1カ月後、彼もこの世をさった。樺と、樺の死がのこしたものを理解する一助として、経緯をここに記したい。

60年安保闘争の学生運動を主導したのは、58年に共産党から分かれて前衛党を名乗ったブント（共産主義者同盟）だった。そのブントを指導し、盟主ともいえる存在だった島成郎を、樺は尊敬していた。

島の著書『ブント私史』は、樺の「想う人」について、こう明かしている。

「或る日、余りお喋りもしなかったその彼女が事務所（ブント書記局—筆者注）から出ようとした私を追ってきて突然、『島さんは大人だから相談したいのですが、私、想いを寄せる人がいるのです…』と話しかけてきた（中略）。『Sさんです…』といって顔を赤らめたまま逃げるように事務所に入っていってしまった」

Sとは誰か。神戸高校の同級生だった佐野茂樹だというのが、関係者のほぼ一致した見方だ。樺は父の転勤で兵庫県立神戸高校に進み、佐野とともに自治会役

神戸高校自治会執行部。前列左端が樺美智子、後列右から3番目が佐野茂樹

員を務めてリーダーシップを発揮した。そして、２人とも早くから社会科学関係の書物に親しみ、思想的にも近かった。彼女の短い人生をたどってみて、この頃が最も輝いていたと、わたしは思う。

佐野は１９５６年に京大へ、樺は東京に戻って浪人し、翌年東大に進んだ。

佐野は大学ですぐに自治会活動で頭角を現す。全学連中央の活動に参加するため、しばしば上京し、58年には全学連副委員長として東京に常駐している。

樺も東大で水爆実験や米軍基地に反対する運動に力を入れた。2人とも共産党を経てブントに加盟する。この頃２人が付き合っていたと、佐野に近い人が証言している。

59年、佐野は全学連中央の役員をはずれ、関西で労働者対策に専念する。樺は文学部史学科に進学し、文学部学友会副委員長になる。

樺は神戸高校時代の親友、松田恵子に宛てた手紙で「『階級闘争に没頭している』人にはめったに会えない」とこぼしている(『友へ　樺美智子の手紙』)。

激しさを増す安保闘争の中で、樺は実力行動もいとわない活

ブント結成1年前の1957年12月、京都に集まった活動家たち。後列左端島成郎、前列右端佐野茂樹(島成郎の妻島博子提供)

動家になっていく。60年1月には条約調印のため渡米する岸首相一行を阻止しようと羽田空港のロビーを占拠して逮捕、勾留された。17日後に釈放された後は、勉強に専念したいと思いながら活動から離れられず、6月15日、国会構内に突っ込んで帰らぬ人となった。

京大学生運動のスター

新安保条約は自然成立し、ブントは内部分裂して崩壊したが、佐野は関西グループのリーダーとして学生運動に影響を与え続けた。60年代後半、活動家が世代交代する中で第2次ブントの議長になり、東京で学生をオルグしたり、69年1月の東大安田講堂攻防戦にも姿を見せたりしている。

しかし、第2次ブントも分裂して京大の後輩たちが赤軍派を結成するに至って、組織から退いた。赤軍派は武装闘争をエスカレートさせ、連合赤軍へと変貌を遂げて、この間にハイジャック事件やあさま山荘事件、山岳ベースリンチ死事件を起こした。それは今に続く学生運動への拒否感を醸成し、運動の衰退を招いた。

90年代末、佐野はエコロジストとして、人びとの前に再び姿を現す。ＮＧＯ団体を立ち上げ、中国やネパールで緑化や井戸掘り事業に取り組み、知人らに支援をあおぎながら２０１０年頃まで事業を続けた。

わたしは佐野に取材を申し込んだが、面会を承諾し場所も決めながら、直前に断られることが

3度続いた。思いがけず願いがかなったのは、2019年12月。大阪府寝屋川市のお宅におじゃました。精悍《せいかん》な風貌は若いときの写真と変わらないが、記憶の焦点が定まらないのか、意識して避けたのか、樺については「あの人は堅い人、勉強ばかりしている人、超真面目な人だった」と繰り返すばかりだった。

それから約1カ月後の20年1月21日、84歳で亡くなった。死期を悟ったからこそ、面会を受けてくれたのかもしれない。同年3月に京都で、10月に東京で「偲ぶ会」があり、影響を受け、迷惑もこうむった元活動家らが集まって、故人を語った。いわく「京大の学生運動のスター」、いわく「沈着さと端正さで運動の品格を作った」、「行動するロマンチスト」、「ストイックな生き方」…。褒め言葉が続いた。

佐野は樺については一貫して沈黙した。最後にわたしに語ってくれたのも「堅い」「超真面目」といった当たり障りのない、むしろ否定的な言葉だった。黙して語らなかった余白に、多くの思いと交流があったのだと思いたい。

樺が生きていたら、どんな生き方を選んだだろう。佐野の生き方をどう評価しただろう。行動を共にしただろうか。いや、彼女が死ななかったら、日本社会も日本の学生運動も、今とは違ったものになったかもしれない。そう分かっていても、彼女に今の日本をどう思うか、あなたならどうしますかと聞きたくなる。

（2021年6月26日）

IV

重信房子と
遠山美枝子

2人の運命を分けたものは何か

「マルクスよりもルソーが好き」

日本赤軍の元最高幹部で、ハーグ事件に関与したとして服役した重信房子が（2022年）5月28日、満期出所した。その前後に多くの報道が流れたが、その中で彼女の親友やその死に触れたものはほとんどなかった。若き日の重信と親友、遠山美枝子の生の軌跡を素描することで、あの時代の空気や党派の動向、女性たちの生き方をたどり、考えたい。

〈マルクスやレーニンよりもルソーが好き意気投合したのはバ

キッコーマン時代の重信房子

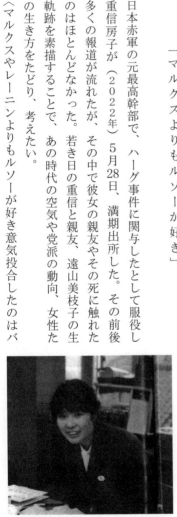

リケードの中〉

この歌の作者は重信房子、その人である。彼女は獄中で歌作を始め、2冊の歌集を出版した。この歌は連合赤軍事件で亡くなった親友、遠山美枝子の47年目の命日、2019年3月に墓前にささげられた「三月哀歌」14首のうちの1首であり、歌集「暁の星」に収められている。

バリケードの中で「意気投合した」相手とは、もちろん遠山美枝子である。群馬県榛名山に連合赤軍が築いた山岳ベースで、遠山が非業の死を遂げたのは1972年1月7日だが、遺族は遺体が見つかった3月13日を命日にしている。2019年の命日も墓参会と法要があり、その後、重信の歌が披露された。

その場にいたかつての仲間たち十数人は、今も整理しきれない複雑な感情があるのか、懇親会でもそろって口が重かった。

遠山は山で同志に殺害された。なぜ遠山が山に入るのを止めなかったのかという後悔が、それぞれの胸の内にある。そして、もし自分も山に入っていたら被害者になっていたかもしれないという思いもある。いや、あるいは加害者か。

重信と遠山は、明治大での学生運動、その後の政治運動を共に闘った。重信が国内での革命運動に見切りをつけて国外に脱出し

遠山美枝子（左）と重信房子。1967年頃とみられる

たあと、遠山は連合赤軍の兵士として山岳ベースに入り、25歳で命を絶たれた。

重信はその知らせを遠くベイルートの地で聞いたのち、逮捕され、獄中生活を経て、76歳で日本の市民社会に復帰した。

何が2人の生死を分けたのか。シスターフッドともいえるような親密な関係を築いた2人が、生き生きと躍動した日々を、政治の季節の結節点に重ねて見ていきたい。

明大夜間部に通う勤労学生

筆者は、遠山が革命兵士として「山」に入るまでを『私だったかもしれない　ある赤軍派女性兵士の25年』としてまとめ、2022年6月に出版したが、その際に服役中の重信に質問書を出して詳細な返信をもらった（以下、重信の「手紙」）。遠山の友人や知人の証言も取材し、彼女が夫にあてた手紙も読むことができた（以下、遠山の「遺稿」）。また、関係者の著作や論考もある。本稿はこれらの資料に依拠する。

重信は1945年、東京都世田谷区で生まれた。父は戦前の右翼運動に関係した人物だが、子どもたちを伸び伸びと育て、重信は明るく自己肯定感の強い性格である。遠山は1年遅れの46年生まれで、横浜市中区で育った。5歳で父が亡くなり、双子の姉と妹の3人姉妹を育てるために働く母に代わって家事を担い、我慢強さを身につけている。

2人とも経済的な理由から高校卒業後、就職し、1年後に明治大の2部（夜間部）に入学、働きながら学ぶ道を選んだ。1歳違いなので、入学は重信が65年、遠山は66年である。当時はこのような勤労学生が多く、大学にも受け皿があった。重信は高校時代から弁論大会に出たり、大学入学後もアルバイトで選挙事務所のスタッフをしたりと行動的で、大学の自治会活動でもすぐに頭角を現した。

遠山はおとなしく、目立たない人だったと証言する人が多い。だが、勤め始めた頃、日韓基本条約に反対する労働者のデモに感激し「高校時代にも潜在的にもっていた政治意識が爆発」したと「遺稿」で書いている。日韓条約は朝鮮半島の南北分断を固定化するなどとして批判を浴びていた。遠山が早い時期から社会や政治への強い関心を持ち、厳しい目で捉えていたことが分かる。

この頃、慶応大、早稲田大などで学費値上げに反対する学生運動が相次ぎ、明治大でも遠山が入学した66年に学生たちが立ち上がった。自治会と大学当局との交渉が決裂、学生は机や椅子でバリケードを築いて大学を封鎖し、自主講座を開き、示威運動をした。こののち、こうした光景は日本中の大学で見られるようになる。

バリケードの中で意気投合

2人が出会ったのは、そのバリケードの中だった。遠山が学費闘争の中核を担える人材かどうか、重信が〝面接〟するため招いたのだ。遠山は「グレーのオーバーを着た小柄な女性で、控えめな感じの人」だったが「でも、そこですぐ意気投合しました」と重信が振り返っている（「手紙」）。それは冒頭の歌にも詠まれている。勤務先は重信がキッコーマン、遠山はキリンビールで会社同士の交流もあった。職場の話も家族の話もしている。そして1年先輩の重信が先導するかたちで運動に関わっていく。重信の「三月哀歌」から2首を引く。

〈水仙の微かに香るバリケード焚火を囲み歌いしインター〉

〈洗い髪に震えつ急ぐ冬の道　銭湯終い湯バリケードへ帰る〉

バリケードに泊まり込み、たき火を囲んで革命歌「インターナショナル」を歌った。今より東京の冬は寒く、銭湯の帰り、洗い髪がバリバリに凍った経験が筆者にもある。しまい湯であってみれば、寒さもひとしおだったろう。それでも仲間と連帯して闘う高揚感がエネルギーとなり、運動を支えた。67年2月、明治大の学費値上げ反対闘争は学生側の敗北に終わったが、2人は男子学生らと新たに「現代思想研究会」というサークルを立ち上げ、公正で平等な社会を実現しようと、学外に飛び出して、次々に起きる政治課題に向き合うことになる。

その過程で、学生運動を指導する新左翼党派の中でも武闘派のブント（共産主義者同盟）に誘われ、さらに過激な赤軍派に加盟、数奇な人生を歩むことになる。

（2022年8月10日）

「2人で社会科の先生になろう」

佐世保・王子・三里塚、続く闘い

オランダ・ハーグ事件などによる懲役20年の刑を終え、日本赤軍の元最高幹部、重信房子が出所してから1週間後の6月4日、東京・お茶の水の居酒屋で「重信房子さんを歓迎する宴」が開かれた。主催は公判や獄中生活を支援してきた明大土曜会である。

パレスチナにたったときから50年の空白がなかったかのように、彼女は自然体で元学友たちの中に溶けこんでいく。このしなやかさが、命の危険と隣り合わせの革命運動や、4度もがんを患いな

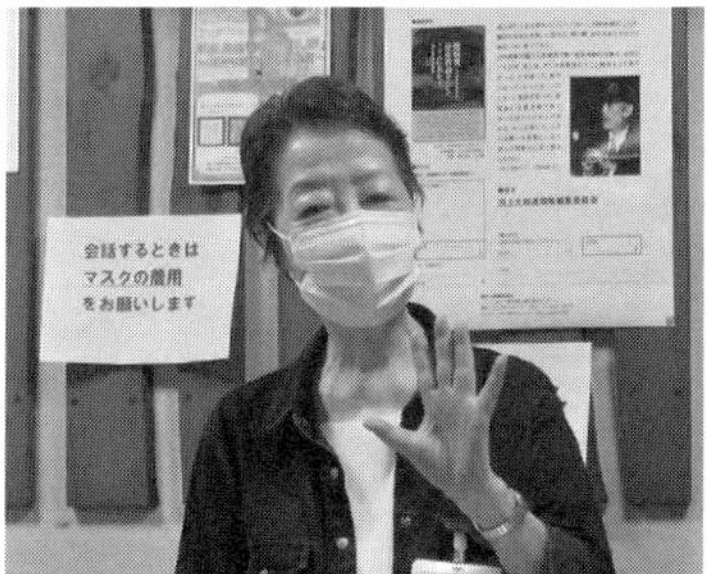

「歓迎する宴」での重信房子

がら獄中生活を生き抜いた原動力なのだろう。「生きて出てきました」とあいさつし「大学時代は、楽しいことと、社会を良くしたいということが一致して、本当に楽しかった」と振り返った。

現思研は、明治大の学費値上げ反対闘争が学生側の敗北に終わったあと、重信や遠山が参加して作られたブント（共産主義者同盟）系の学生組織である。政治組織だが、サークルを装ってそう名付けられた。

ブントは1958年、共産党から分かれ前衛党を名乗って組織され（第一次ブント）、60年安保闘争をリードしたが、解体。1966年に再建された（第二次ブント）。

現思研は勤労学生の集まりで、夜間の授業の合間を縫って明治大の学生会館に集って学習会を開いた。悩みごとも打ち明けあいながら、ときには寝泊まりもする家族的な関係で、時間が許す限り学外の活動にも参加するというスタイルだった。当時の幹部の一人も、とにかく楽しかったと振り返る。

折しもベトナム戦争の激化で、米軍の兵たん基地となった日本からはひっきりなしに爆撃機が飛び立って

サークルの合宿で、遠山美枝子

いく。特需で景気は潤った。

これに対し、同じアジアの民を見殺しにしていいのかという声が高まる。65年には市民団体の「ベトナムに平和を!市民連合」(ベ平連)が抗議デモを始め、60年安保闘争の後、沈静化していた学生たちも反戦の声を上げ始めた。

67年10月8日には、佐藤栄作首相の南ベトナム訪問に反対した羽田抗議デモで、18歳の京大生、山崎博昭が死んだ。60年安保闘争の樺美智子以来、反権力闘争における学生の2人目の犠牲者である。

ヘルメット、石、角材が、闘争の武器として本格的に登場した闘争でもある。衝撃は大きく、これをきっかけに学生運動に入っていった人も多い。日大や東大など全国の大学で学生運動の嵐が吹き荒れることになる。

翌68年には世界初の原子力空母エンタープライズの佐世保寄港、東京北区の王子野戦病院設置、成田空港建設などに反対する学生たちが大挙してそれぞれの現地に集結し、機動隊と衝突した。

一連の運動を指揮したのは、日本共産党に反対する新左翼の諸党派で、各大学自治会の主導権を争った。その一派であるブントの学生組織の書記局が明治大の学生会館に置かれたこともあって、重信や遠山ら現思研メンバーは、ブントの指導を受けて学外の政治運動に関わっていく。

この第二次ブントは京大や同志社大といった関西の学生が中心で、武力による世界革命を掲げており、のちの赤軍派につながっていく。

政治運動といっても、重信と遠山は主に救援担当で、ヘルメットをかぶったり、ゲバ棒を振るったりしたことはなかったという。羽田事件のときは、けが人が大勢出たので、応急手当てをしたり、病院に運んだりした。

成田空港建設予定地の三里塚では、反対運動をしている地元農家に泊まって、学習会をしながら農業の手伝いもした。

68年3月に全学連が反対同盟を支援する1万人近いデモ隊を組み、空港公団公社に突っ込む。このとき武器を用意するよう頼まれた重信と遠山は、社会人を装って、金網を切るための道具をコートの下に隠して成田まで運んでいる。

王子の野戦病院反対集会では、ジグザグデモに機動隊が襲いかかってきて、路地に逃げこんだら、近くの民家の人が庭にかくまってくれた。「こんなところにベトナムからの傷病兵を連れ込む病院なんて

成田空港反対運動では地元農家に泊まって援農。後列左端が遠山美枝子、右が重信房子

まっぴらゴメンだわ。学生さんたち、がんばってね」と励まされたという。

闘う学生たちをメディアは「暴徒」と決めつけたが、市民は好意的で、カンパを募るとヘルメットに千円札がポンポン投げ込まれた。悲惨な戦争を体験した大人たちが、学生の純粋な行動に共感したのだろう。

お茶の水をカルチェラタンに

外国でもスチューデントパワーが爆発し、68年5月、フランスで5月革命が起きる。ド・ゴール体制に反対する学生や労働者が機動隊と闘って、パリのカルチェラタンを解放区にした。

日本でもやろうと、6月21日、中央大で開かれていた全学連総決起集会の参加者と明治大の現思研メンバーに、昼間部の学生らも加わって、校舎から机と椅子を持ちだし道路をふさいだ。クラクションを鳴らす車を横道に誘導、あっという間に御茶ノ水駅から駿河台下までの明大通りを解放区にした。

機動隊が駆けつけてバリケードを壊す。すると、また積み上げ、道の敷石をはがして投げつけ、やじ馬も混じって解放区の中でデモ行進をした。夕方のラッシュ時、御茶ノ水駅で1時間近く電車が止まり、約20万人の足が乱れたと、翌日の新聞が報じている。

パリの5月革命は労働者のゼネストと結合してド・ゴール政権を追い詰めた。一方、神田カルテェラタンはこののち何回も行われるが、解放区の中で「インターナショナル」を歌いながらデモをするだけに終わっている。

参加者たちの思い出を読むと解放感が伝わってくる。若者たちにとっては、祝祭のようなできごとだったのだろう。重信と遠山にとっても最も充実した時期だったようだ。

しかし、生活の中心が政治闘争になっていくと、会社勤めと学業の両立が難しくなり、2人とも会社を辞め、アルバイトや奨学金で学費を得ながら活動を継続している。それでも学業はおろそかにせず、重信は教師になるという子どもの頃からの夢に向って教育実習にも行き、69年の卒業後は政経学部に学士入学している。

遠山はどうだったのか。服役中の重信からの手紙には次のようにあった。

——遠山さんも「卒業は絶対してね。社会科の先生に2人でなろうよ」と話していました——

2人はそれぞれ、どこでどのようにして、その道から外れて行ったのか。

（2022年8月11日）

「ふう、あなたが先に死ぬんだね」アラブにたつ日の涙

学生運動から非公然活動へ

1970年3月、赤軍派の9人が日航機「よど号」をハイジャックして北朝鮮に渡った。71年末には赤軍派と革命左派（京浜安保共闘）が合体して連合赤軍になり、72年1月から2月にかけて、群馬県の山岳ベースで同志12人を殺した。死者の1人が遠山美枝子である。この事件を起こし、警察に追われた5人が長野県軽井沢の「あさま山荘」に立てこもり、銃撃戦の末、逮捕された。

明治大学時代の遠山美枝子

重信房子らが海外で結成した日本赤軍の３人が、イスラエル・テルアビブ空港で銃を乱射、約１００人を死傷させたのが72年５月である。

重信や遠山がそれまで、仲間たちとわいわい騒ぎながら立て看板を作り、デモで声を張り上げていた頃は、牧歌的な時代だったといえる。69年になると、闘争の質が変わる。機動隊との武闘が激化するとともに、組織内の暴力にも歯止めが失われていく。内ゲバである。

主張の違いを話し合って埋めていくのではなく、自説にこだわり、短絡的に暴力に走った。セクト間やセクト内の内ゲバで、１００人以上が死んだとされる。革命の「敵」は権力なのに、なぜ革命を目指す者同士が殺し合うのか。理解不能に映るが、「支配の論理」が働いていると説明する人もいる。当時、２人が属したブント（共産主義者同盟）でも、より軍事性を強めたい関西グループと、主流派が対立した。２人は関西グループに誘われて、非公然活動に一歩踏み出す。

69年１月は東大安田講堂占拠事件が社会を揺るがした。そして４月28日の沖縄返還闘争で大きな曲がり角を迎える。ブントは他のセクトと共に機動隊を突破して東京駅に向かい、線路を伝って新橋から銀座に出たが、鎮圧される。大勢の逮捕者を出した。

この闘争で重信は、火炎ビンを運んだ疑いで初めて逮捕された。非公然活動に誘ったのは古参幹部、佐野茂樹だった。佐野は２０２０年１月に死去したが、佐野をしのぶ会に、重信はメッセージを送っている。

「ふりかえってみると、私を革命への道に導いたのは、佐野さんのあの４・28闘争の軍事委員会への参加の誘いだったと思います」。佐野が転機をつくったことが分かる。教師になる夢を諦めたのも、この頃である。佐野は60年安保闘争に斃れた樺《かんば》美智子と神戸高校の同級生。「樺が思いを寄せた人」といわれている。

樺美智子につながる美質

明治大の重信や遠山をブントにオルグ（組織）したのは佐野である。ひたむきさ、誠実さを共通の美質とする樺と遠山は、佐野を通じて時空を超えてつながっていた。

４月の沖縄闘争の評価を巡って、ブント内部が割れる。「敗北」と位置づけて、新しい戦術を主張したのが関西グループだった。そして、69年7月6日に事件が起きる。

早朝、関西グループが主流派の幹部を襲って大けがをさせる。そのあと、中央大のグループが関西グループの幹部を拉致して、４人を中央大の校舎に閉じ込めた。２週間後、４人が差し入れられたロープを使って脱出しようとしたが、１人が４階から転落して死ぬ。内ゲバによる初めての死者とされ、発端の日付から「7・6事件」と呼ばれている。

重信と遠山も連絡役で事件に関わり、重信は「この時から、あれよあれよという間に（略）お互いに『深入り』することになりました」と振り返っている。

関西グループは「赤軍派」を結成。９月５日、東京・日比谷野外音楽堂で開かれた全国全共闘結成大会に「ブント右派解体」を掲げ乱入した。ブントは分裂し、活動を共にしてきた者たちが赤軍派を選ぶかどうか、選択を迫られる。

赤軍派で救援活動

重信と遠山は赤軍派に加わり、彼女たちが所属した「現代思想研究会」約30人のうち10人も同じ道を選んだ。のちに多くの犠牲者を出すことになる。

赤軍派は革命の道筋を次のように描いた。革命の前段階として武装蜂起する。そして海外の労働者国家に渡り、そこを根拠地にして世界革命を実現する。壮大な夢だった。

山梨県大菩薩峠で首相官邸占拠のための軍事訓練をしていた69年11月5日、警察に発見され、53人が逮捕された。壊滅的といわれたが、70年1月に開かれた政治集会には700人から800人が集まった。より過激な方針を出すほど人が集まる傾向があったという。

この頃、遠山は赤軍派ナンバー2である高原浩之と結婚し、横浜市鶴見区のアパートで一緒に暮らしている。高原の秘書として、電話連絡や文書の作成などを手伝うとともに、彼の生活も支えた。

遠山がのちに獄中の高原に宛てた手紙によると、秋には銃と爆弾で武装蜂起すると聞かされて、死を覚悟していたという。大菩薩峠の摘発で蜂起は不発に終わった。遠山は妊娠したが、活動を継続するために中絶している。

70年6月、高原が「よど号ハイジャック事件」の共犯容疑で逮捕され、以後11年間、獄中生活を送ることになる。幹部がほとんど逮捕された赤軍派では、連合赤軍を主導することになる森恒夫が最高指導者に押し上げられた。

重信は森と対立し、この頃は関西で海外根拠地を作る準備に専念し、遠山と顔を合わせることも少なくなっている。

遠山は夫を塀の中に奪われ、重信とも会えない。それでも救援の責任者として、身柄拘束されている同志に歯ブラシやタオル、機関紙などを差し入れ、献身的に活動した。元活動家たちはいまも、遠山の行き届いた救援に感謝していると、口をそろえる。

71年2月、重信は赤軍派を離脱して、ア

明治大法学研究会の仲間と。前列左端が遠山美枝子

ラブへ闘争の場を移した。旅立つ前、遠山は重信のアパートで荷造りを手伝いながら「ふう、あなたが先に死ぬんだね」と言って涙をぽろぽろこぼした。「ふう」は重信房子の愛称である。

そして「どんなに大変でも、お互い闘い続けようね」と確認しあった。そのことが遠山を前のめりにさせたのではないかと、重信は後悔することになる。

永遠の別れを詠んだ重信の歌を引く。

〈「ふう、あなたが先に死ぬんだね」羽田で見送る君は泣き虫〉
〈振り向いて泣きそうな顔　懸命に笑顔に代える別れの君は〉

（2022年8月12日）

「兵士として徹底的に自己改造する」と山へ

遠山はなぜ山に入ったのか

１９７１年2月末、重信房子は日本を去り、パレスチナに向かう。日本に残った親友・遠山美枝子はそれから1年足らずの１９７２年1月7日、群馬県榛名山で絶命した。遠山はなぜ山に入ったのか。

70年3月のよど号ハイジャック事件のあと、重信と遠山の属する赤軍派の指導部は「ＰＢＭ作戦」を指示している。Ｐ（ペガサス作戦）は要人を人質にして獄中の指導者を奪還し、中国に亡命して革命の根拠地とする。Ｂ（ブロンコ作戦）は、日米の政治中枢である霞ケ関とペンタゴン（米・国防総省）を占拠する同時多発テロ。Ｍ（マフィア作戦）は、金融機関を襲って革命資金を調達するというものだ。

だが、実行できたのはM作戦だけだった。千葉、横浜などの郵便局や銀行支店を襲撃、計500万円以上を奪取した。

過激な作戦についていけず、組織を離れていく者が続出する中で、遠山は赤軍派創設当初からのメンバーであり、最高幹部高原浩之の妻である。上下関係の規律の厳しい集団の中で、後輩の活動家からは、仰ぎ見るような存在になっている。

夫の高原は遠山を「思いつめたらそこから逃れられないタイプだった」と言う。組織が弱体化すればするほど、自分が頑張らねばと前を向いている。

もともとは、警察署や拘置所をまわって逮捕された人に差し入れなどをする「救援」の責任者だったが、オルグ（組織拡大）や資金集めといった仕事も任されるようになっていく。

横浜の実家にはめったに帰らず、友人の家を泊まり歩き、私服刑事の尾行がつくようになった。

この頃、久しぶりに会った知人は、遠山の変化を見て取っている。

「（学生運動の頃は）小柄で、お嬢さんタイプの子だったけれども、このとき会った彼女には、そんな弱いイメージはどこにもなく」「表情は厳しく、毅然《きぜん》としており、すっかり一人前の闘士に成長していた」

一方、レバノンで活動する重信のもとには、パレスチナ解放のために闘うゲリラを描いた映画を撮りたいと、映画監督の若松孝二と足立正生が訪れている。完成した「赤軍―PFLP世界戦争宣言」には重信のインタビュー映像が使われ、71年秋から日本全国の大学や公民館で自主上映された。車体を赤く塗ったバスで移動しながらの上映運動で、遠山はその手伝いもしている。

逮捕者や離脱者が相次ぎ、戦力の衰えを自覚する赤軍派指導部は、政治路線の異なる革命左派（京浜安保共闘）との合同を模索する。革命左派は略称で、日本共産党革命左派神奈川県委員会といい、毛沢東思想を信奉して武装闘争を展開。獄中の幹部を奪還するために、71年2月には栃木県真岡の銃砲店を襲い猟銃や銃弾を奪った。

M作戦で資金は得たが武器がない赤軍派と、武器はあるが金がない革命左派の軍事組織が合体して連合赤軍になったのは71年末。赤軍派は森恒夫、革命左派は永田洋子《ひろこ》がリーダーだった。

純粋な若者たちを追い込んだものは何か

榛名山にアジト（山岳ベース）を築いて合宿し、軍事訓練をした。訓練の目標は「兵士の共産化」「銃による殲滅戦」である。

赤軍派から山に入った兵士のうち、女性は遠山だけだった。山に入る直前、彼女は獄中の夫に手紙を出し、それが遺稿となる。自らの闘争の過程に高原との関係を重ね合わせ、未来を切り開こうとする意志的な内容だった。

「赤軍女性兵士として、内実を伴う兵士として、徹底的に自己改造していく方向が問われている」「赤軍兵士として未だ不充分な私であるが、（略）自分の核心を持ちえる主体としてかかわっていきたいと思っているし、全力でがんばっていきます」

赤軍派の後輩活動家の数人から、遠山に一緒に山に行こうと誘われたが断ったと聞いた。このことからも、遠山が危険を予感していなかったことが分かる。

兵士として自己改造するつもりで行った場所で、「総括」と呼ばれる厳しい自己批判を要求され、最後には殺されるとは思ってもみなかっただろう。山に入ってから逃げ出した者もいるのに、遠山はなぜ引き返さなかったのか。

50年もたっているけれど、遠山の夫だった高原に聞かずにはいられなかった。赤軍派の最高指導者としてPBM作戦を指示している。無謀な計画ではなかったか。

「僕自身、首相官邸占拠なんてできっこないと思っている。だけど引くに引けないんだ。前に進むしかないんだ」

遠山の山岳ベース行きを察知していた。なぜ止め

資金稼ぎのため「お昼のワイドショー」に出演した重信房子、1970年

なかったのか。

「そういう政治路線を共有して一緒になった以上、お互いにやめようと言えない。やめると言ったら離婚することになるから」

走り始めたら止まれない、引き返せない。歴史をひもとけば、いつの時代にも、多くの組織で起きたことだ。世界に目をやれば、その悲劇はこの瞬間も繰り返されている。

山岳ベース事件は、むごたらしいリンチや閉ざされた空間での異常心理が、興味本位に語られがちだ。だから事件から目を背ける人が多い。当事者は事件を封印して語りたがらない。しかし、遠山がそうであったように、いまもどこにでもいる若者たちが引き起こしたことだ。戦争に反対し、社会の不公正をなくしたい。真っすぐにそう望んだ若者たちが暴走した。純粋な若者たちをなぜ失わねばならなかったのか、考え続けなければならない。

重信は痛切な思いで後悔し続けている。「私と一緒に遠山さんがいたら、絶対に行かなかった」「なぜ遠山さんをベイルートに呼ばなかったのか」（筆者の質問に対する獄中からの返信）

２０１９年3月、遠山の命日に墓前にささげられた重信の「三月哀歌」から2首を引く。

〈抉られて鷲掴まれて千切れる胸　遠山美枝子あなたの死を聴く〉

〈底無しの哀しみ怒り　三月の咆哮鎮める地中海は青〉

榛名山の軍事訓練には、途中で逃亡した者を含め29人が参加、約2カ月の間に12人が殺害された。

（２０２２年8月13日）

「私たちが新しい世の中を作る」と最後の言葉

女を後ろに下がらせる組織に抗う

2022年6月18日、東京目黒区中小企業センターホールで「あさま山荘から50年　シンポジウム　多様な視点から考える連合赤軍」が開かれ、連合赤軍の当事者や研究者、ジャーナリストらが登壇して語り合った。主催した「連合赤軍事件の全体像を残す会」は、こうしたシンポを開催したり、関係者の証言を書籍にしたりして、連合赤軍を問い続けている。今回も「多様な視点」で考え、次世代にも伝えようと試みた。

しかし、事件を語るときほとんど欠落してきたのが、ジェンダーの視点だと思う。

連合赤軍は、赤軍派と革命左派（京浜安保共闘）が合同した組織だ。あさま山荘事件に先行する群馬県榛名山の山岳ベース事件では、リンチを受けて12人が殺されている。そのうち女性は、赤軍派では遠山美枝子1人だが、革命左派では2人が犠牲になった。

途中で逃げ出した人を含めると革命左派にはさらに7人の女性兵士がいた。事件を考えるとき「女性と革命」あるいは「女性と暴力」といったキーワードも必要なのではないか。

60年代の学生運動は、政治路線に違いはあっても、どの党派も過激な実力闘争に傾いた。そのため体力や腕力に劣る女性は、救援や連絡、炊き出しやガリ版刷りといった補助的な活動にまわされ、性別役割分担が固定した。

とりわけ軍事性の強かった赤軍派には、女性メンバー自体が少なく、徹底した男性優位集団だった。最盛期には全国で40人から50人ぐらいの女性が活動したとされるが、多くは男性活動家の友人や恋人だったようだ。

固有名詞で語られるのは重信と遠山だけ。その遠山でさえ、組織のナンバー2だった夫の活動と暮らしを支え、警察に勾留された同志たちの救援に走りまわっている。遠山はその不当さに気付き、男と同等の兵士を目指して山に入り、帰ってこなかった。

重信は男性による党派の支配を、遠山とは違ったやり方で乗り越えようとしていた。筆者の質問に対する獄中からの返信で次のように述べている。

――「女性を軍に加えろ」「女性に補助的なことしかさせないのは差別だ」と女性から「反乱的意見」があり、私は中央委員会にその声を提起したことがありますが、「なまいきやな」の一言です。（中略）それで女性たちにも、とにかく持ち場でしっかり実力を示すことで、男たちの無能力を超えよう、女性を活用せざるを得ないようにしようよ、と訴えました――

男性並みを目指すのではなく、女性役割を受け止めながら、それを着実に果たすことで、党派の中で確かな位置を占める。そんな戦略を描いている。しかし、そのことを悔いてもいる。

――でも連赤事件を経て、私が日本に居た時に、赤軍派の中の女性蔑視（特別視や軽視）を正さなかった（正しきれなかった）ことが森さんら赤軍派の人たちの考えが是として続いてきたことを「遠山問題」で強く反省させられました――

「遠山問題」とは、山岳ベースでの遠山への過酷な追及と殺害を指すだろう。

田中美津の証言

学生運動で女性が補助的な役割を担わされていることに違和感を持ち、批判を強めた女たちが女性解放に向けて動いたのが、ウーマンリブである。70年に「便所からの解放」を書いた田中美津はその創始者とされる。

田中について拙著『私だったかもしれない　ある赤軍派女性兵士の25年』で「重信や遠山との接点はなかったようだ」と書いたが、出版後「2人に会ったことがある」と訂正を求められた。映画評論家の松田政男の事務所で、2人と何度かすれ違ったそうだ。

田中は重信について「独特の存在感があって、普通の人の10倍も20倍も自己肯定感のある人、お父さんに肯定されて育ったのがよかったんでしょうね」と話した。遠山のことは、笑顔のないきつい人という印象を持ったそうだ。

赤軍派の男たちについても次のように話してくれた。

赤軍派が結成される頃、田中は反戦グループを作って活動していたことから、友人に頼まれて赤軍派の男を家に泊めたことがあった。するとOKも出していないのに、赤軍派の男たちが出入りするようになった。「世界同時革命なんて立派な言葉に酔っているみたいだったけど、私はそういう頭で考えた言葉ではなく、自分の体験から言葉を紡ぎ出している」。だから彼らに同調することはなかった。田中はまた、連合赤軍の結成直前、革命左派の永田洋子《ひろこ》に誘われ、興味本位で山岳ベースにも出かけたが、1泊しただけで下山した。こう振り返る。

「連合赤軍の人たちは、みな禁欲的で、毅然《きぜん》として生きたいと思っている。私は毅然としていたいと思うと同時に、1歳でも若くみられたいというミーハーな部分も持っているので、革命運動とは一線を画していた。だから命をとられずにすんだのだと思う」

遠山は山岳ベースに入る直前、遺稿となった夫への手紙で「赤軍女性兵士として、内実を伴う兵士として、徹底的に自己改造していく方向が問われている」と伝えている。

わたしは遠山の遺稿を読んで、60年安保における唯一の死者樺美智子の最期の日を思い起こした。デモ隊のリーダーが、女子学生は後ろに下がり、男子のかばんを預かるように指示する。樺は反発し「せめてスラックスをはいた人間だけは例外にして」と頼み込んだ。

最も重要な闘いの場面において、女性を後方に下がらせようとする組織で、遠山も樺も差別的扱いを拒否し、前線に立つことを望んだ。そして帰らぬ人となった。

重信は海外でも獄中でも厳しい日々を生きながら、みずみずしい感性と社会変革への意思を失わず、出所に合わせて著書や歌集を出版している。出所後、支援者たちが開いた歓迎会では、元活動家らが重信の社会復帰を心から祝い、宴は5時間にも及んだ。

遠山については、交流のあった人たちの回想を書き記しておきたい。

「出しゃっぱったり、騒がしい人ではないが、しっかりした人だよ。重信と双璧よ」

「私たちはドンパチドンパチやっていられたが、遠山さんは裏方でこまごまとした活動で、救対で苦労された。強いかたで、ついつい日和ろうとする私なんかを叱咤《しった》激励することが再三ありました」

「ビラまきをしていたとき会ったのが最後です。遠山さんは大人で物静かな人、軽やかな話し方をする人で、ちょっとあか抜けたかかた」

「山に行く前、会いました。『わたしたちが新しい世の中を作るから見ててね』と言われたのが、今も忘れられません。これが最後の会話です。美枝子が見ていた世界を作り上げていかなければいけないなと、僕は今でも思っています」


（2022年8月14日）

重信房子『はたちの時代』

運動の内部から連合赤軍事件を反省

日本赤軍の元幹部・重信房子が満期出所して1年になる6月3日（2023年）、支援者の会に元気な姿を見せ「自由の身になって1年を振り返って」と題して近況報告した。服役中を含めると10カ所目になるがんの手術を受け、リハビリを兼ねて交流会などに参加しながら市民活動を再開。かつての同志たちとの再会、亡くなった人たちの墓参り、短歌作りや執筆、自らの裁判の膨大な資料の整理をして、多忙な日々を過ごしているそうだ。今年6月には、明治大在学中の学生運動から赤軍派時代までをつづった『はたちの時代　60年代と私』（太田出版）を世に問うた。

わたしは昨年、重信の親友だった遠山美枝子の評伝『私だったかもしれない　ある赤軍派女性兵士の25年』を出版した。『はたちの時代』はそれと重なる部分も多いが、重信自身の視点で闘争を捉え返している。運動の内部にいた人の実感に基づく分析は説得力もあり、証言としても生々しい。若者の政治離れの大きな要因となったともいわれる連合赤軍事件。そこに至る過程のどこに岐路があり、どのような過ちがあったのか。『はたちの時代』を読み進める。

楽しく、充実した学生時代

重信房子が高校を卒業してキッコーマンに勤めながら、先生になる夢を抱いて明治大学文学部2部（夜間部）に入学したのは1965年春。入学金の払い込みに大学に行ったら、校舎の前で座り込みをしている学生たちがいた。入学金と一緒に徴収される「維持費」は任意だ（払わなくてもよい）とアピールした学生が退学処分になった。その学生の復学を求めているのだという。「他人のために尽くした人が処分されるなんて、不正義ではないか」と共感し、誘われてそこに座り込んだ。

本書には「正義」「不正義」という言葉が頻出する。60年安保闘争後、いったん沈静化していた学生運動が息を吹き返し、ベトナム戦争に反対する「ベ平連」や反公害などの市民運動が活発になっていた。多くの人が「正義」は実現し得るという実感を持った時代。重信も「正義」の実現に使命感を感じて、このの5の人生を歩むことになる。

入学の翌年、慶応大や早稲田大に続いて明大でも学費値上げ反対闘争が始まる。学生自治会と理事者側が対立し、学生が学校をバリケード封鎖したのちの67年2月に収束した。このバリケードの中で重信は、親友となる遠山に出会う。志願してこの闘争に献身した重信にとって「人生の大きな節目だった」。間もなくキッコーマンを辞め、アルバイトをしながら学生生活を送るようになる。勉学も、サークルでの創作も、自治会活動も「すべてが楽しく、充実感に溢れた」日々を過ごしたというから、一般学生よりも満ち足りた毎日だったのかもしれない。

この頃からどこの大学でも、学生自治会の主導権争いが激しくなる。日本共産党系と新左翼系、さらに新左翼の中でも激しい党派の争いがあった。明大2部の自治会は、新左翼系のブント（共産主義者同盟）の拠点になった。ブントは58年に結成され、60年安保闘争では主流派として運動を主導した党派である。重信や遠山は、誘われてその青年組織である社会主義学生同盟（社学同）に加盟し、仲間とともに砂川基地反対闘争や三里塚闘争などに積極的に参加していく。中でも67年の10・8羽田闘争は、当時の佐藤栄作首相のベトナム訪問を阻止するためのデモで、初めてヘルメットや角材が登場した。機動隊に制圧されて京大生の山崎博昭が死に、多くのけが人が出た。

どこに過ちがあったのか

救護看護班の重信は、学生のけが人を通りかかった道路公団の車に頼んで乗せ、個人病院に運ぶなど、機転を利かせている。大病院だと警察に通報されることを恐れたと、本書で明かしている。判断力と行動力が指導部に評価されたのだろう。次第に闘争の重要な局面を担うようになっていく。重信自身も「オルグや政局に頭を使うレベルで、理論的なことは私は苦手でした」としながらも、独自の立ち位置を占める。オルグとは英語のオーガナイズ（組織化）のことで、組織拡大のための勧誘などを意味する。

69年7月6日、ブント内で暴力事件が起きた。塩見孝也ら関西を中心とするグループ（後の赤軍派）が過激な武装闘争を主張してブント中央から批判されたことから、ブント議長の仏徳《さらぎ》二を襲って重症を負わせ、その報復を受けて同志社大生の活動家が死んだ。内ゲバによる初めての死者だった。これを機にブントから分かれて赤軍派が旗揚げし、重信も参加する。本書では「今から振り返って歴史を辿れば」と断った上で、赤軍派の過誤のおおもとは、その暴力性にあったという見方を示す。

「七月六日の行動によって初めから道を誤ったために以降の失敗を刻印された」「やり方が違っても、共同する条件と方法はあったと思いますが、当時の未熟さでは、分裂は必然だった」「党内に自分たちの要求を通すために暴力をふるうというやり方は（略）、赤軍派がブントに持ち込んだ誤りであったこと、後のブントの分解の原因になったこと、また『連合赤軍事件』にも影響を与えたことは事実です」。それでも重信が赤軍派と行動を共にしたのは、人脈的つながりがあったのに加え、塩見が世界革命のための武装蜂起を呼びかけ、国際根拠地を作ろうと提唱したことに共感したからだ。警察の尾行がつくなかで会場やアジトの確保、会議の準備、カンパ活動やオルグを中心になって担う。

仲間の多くも追随して赤軍派に参加し、後に困難な道を歩むことになった人もいる。「私の赤軍派への誤った道が、もちろん主体的に選択したことはまちがいないのですが、遠山さんをはじめ仲間をも過《あやま》たせてしまったと思うことがあります」と後悔の念も書き留めている。

69年11月、赤軍派は首相官邸襲撃を計画し、山梨県大菩薩峠の山小屋で軍事訓練をしていて53人が一斉逮捕された。翌70年3月には、田宮高麿ら9人が日航機をハイジャックして北朝鮮に渡った。その後は弾圧が強まり、塩見をはじめ幹部らが次つぎと逮捕され、あるいは運動に見切りをつけて離脱する者が続出した。それでも「無理な現実の武装闘争路線をいったん下ろすという決断」ができなかった。それは「赤軍派の結集軸自体が『武装闘争をやる事』だったから」としている。

統一の要諦は「違いを受け入れること」

結成当初の幹部がいなくなり、新たな指導者になった森恒夫が資金調達のために銀行強盗などを指令するようになると、重信は森と対立する。そこで国際部担当として中東問題を学習する中でパレスチナ問題の解決こそ革命の道と見定め、新たな地平を求めてアラブに脱出した。残された森指導部はより先鋭化し、政治路線の異なる革命左派（京浜安保共闘）と合体して連合赤軍を組織し、山岳訓練中の山小屋で同志12人をリンチ死に追いやった。重信は親友遠山の死を遠くベイルートの地で聞く。

革命を目指す党派の運動と、大学解体を叫ぶ全共闘運動が交錯したこの時代には、何万人もの若者が社会に向かってもの申した。同時に多くの活動家が内ゲバで命を落とし、あるいは心身に深い傷を負った。しかし、当事者による記録は意外に少ない。半世紀前を反芻しながら、できるだけ正確に伝えようとしている本書は貴重だ。関わった人々の氏名をあえて記さなかったり、イニシャルにしているのは、記録としては残念だが、関係者にとって「あの時代」はまだ終わっていないからだろう。

純粋な正義感から出発した若者たちの運動がなぜ道を誤ったのか。重信は「その後の私の経験と教訓から言えば、革命党の統一の要諦は『違いを受け入れる』ことであり（略）統一戦線や共同の要諦は『違いをリスペクトする』ことにあります」と記す。

今、政治の世界で政権に反対する側が、小さな違いを言い立てて分立し、力を失っている。そうした状況をも射貫くような言葉だ。本書から学ぶ点は多い。

（2023年7月17日）

わたしが出会ったひと

あとがきに代えて

振り返れば、長いあいだ、ひとを書く仕事を続けてきた。ノンフィクションと女性史研究の境を行き来しながら、女性蔑視のひどい時代をひらいた女たちに興味を持った。

自由民権運動の景山英子（福田）に始まり、革命系の女が多いのは、社会を変えようとして、歩きにくい道をあえて選んだ生き方に魅かれたからで、山川菊栄の『おんな二代の記』に出会ったのがきっかけだった。無類に面白くて、いっぺんに目の前が開けた。教科書や一般の歴史書ではわからなかった女の歴史をもっと知りたくて、女性史研究にのめりこんだ。藤沢市の自宅に会いに行ったら、気さくで、何も知らない若い者をバカにしない老社会主義者にしびれた。

人物評伝を書くには、そのひとを知っている家族や知人の証言が必須だ。そのためにはおのずから時間の制限がある。赤瀾会のひとびとの取材をした1970年代には山川さんを始め、近藤(堺)真柄さんも、九津見房子さんも中心人物は健在だった。わたしの探索がきっかけで50年ぶりに知人の前に姿を現した仲宗根(緒方)貞代さんの凛としたたたずまいも忘れがたい。

日本初の国際女性デーで演説した佐々木晴子さんの消息は関係者も知らず、女性辞典のその部分が空白になっていた。自宅を突き止め、90歳を超えた息子さん夫妻から、晴子さんのその後を聞けたのは貴重だ。晩年の篠原綾さんからの聞き取りは3回に及んだが、浪曼事件を語るときの口調は激しく、笑顔が消えた。治安維持法がごく普通の文学少女や主婦まで拘束して、共産主義を信奉してるだろうと責めたてた。コロナ禍以来、同調圧力が強まる世相に息苦しさを感じるのは、社会が戦前回帰しているからではないだろうか。

被爆者ではないわたしが、原爆問題に関心を持ったのは、広島市の高校1年生の秋の文化祭。「郷土作家の横顔」を企画して作家3人の遺族や親族に会ってゆかりの品を借り、模造紙にインタビュー記事を書いて展示した。鈴木三重吉と倉田百三の遺族はすぐに見つかったが、「原爆スラム」と言われた基町住宅に住んでいる大田洋子の妹を探し当てるのは苦労した。資料を集め、ひとに会いに行く。今も15歳のときと同じ方法でノンフィクションを書いているから、わたしの原点といえる。

その後、東京の大学に進学して3年生のとき、大田さんが不動産屋で間借り人を探しているのを知って下宿した。作家との生活はいささか窮屈だったが、一緒に映画を観にいったり、入院中には口述筆記で短いエッセイを代筆したこともある。没後に出版した評伝のタイトルを『草饐《くさずえ》』としたのは、大田さんの体質から夏草が蒸れているようなイメージを得ての造語で、草という字が好きだったということもある。由来を聞かれることがあるので、ここに書き留めておく。

高校の同級生の多くは被爆者だったが、日常会話で被爆が話題になることはほとんどなかった。放射線を浴びたことによる後障害はまだ明らかにされていない頃で、結婚や出産に差し障るからと、被爆を語らないひとが多かった。その後、勇気をもって語り部になったひとと、語らないまま逝ったひとがいる。どちらも重い選択である。

重いといえば、樺美智子さんと遠山美枝子さんの死は、政治的な死であるがゆえに、遺族や周辺の関係者に深い傷を残している。ひとを書くということは、限りなくプライバシーに踏み込むことになり、どこまで書いていいのか、いつも線引きに迷う。

わたしは、60年が大学1年生で、入学と同時に安保闘争の渦に巻き込まれ、岸内閣が改定安保条約を強行採決した5月20日からデモに参加した。でも、自分の中に不良少女が棲んでいて、樺さんみたいなまっすぐなひとが眩しかった。

党派と全共闘の時代には、新宿の出版社でファッションやミセス向け雑誌の編集者をしていた。会社の帰りに新宿西口広場のフォークソングの輪に入ったり、アングラ劇場に通ったりしながら、べ平連の隊列のうしろについて歩いたこともある。ヘルメットやゲバ棒とは縁がなく、党派や組織とは距離をおいてきたから、第一次、第二次ブントの元闘士たちが、わたしの問いに向き合ってくださったに違いない。

まえがきに書いたように、本書の元になったのは、共同通信社のサイト「47ニュース」に寄稿した記事。6年間、テーマも原稿の長さもほぼ自由に書かせていただき感謝しています。書きっぱなしのわたしの文章を、丁寧にととのえてくださったのは担当の佐々木央さんで、心からお礼申しあげます。

インパクト出版会の深田卓さんと共同で本作りをするのは、何冊目になりますか。あらあらの企画段階から一冊に編み上げるまでの厳しくもあり、楽しみでもある時間を作ってくださって、ありがとうございました。

二〇二四年一一月

江刺昭子（えさしあきこ）
1942年生まれ、ノンフィクションライター、女性史研究者。
著書
『草饐　評伝大田洋子』濤書房、1971、のち大月書店、1981
『覚めよ女たち　赤瀾会の人びと』大月書店、1980
『女のくせに　草分けの女性新聞記者たち』文化出版局、1985、のちインパクト出版会、1997
『逗子は燃えた、そして　池子住民訴訟ノート』インパクト出版会、1990
『女の一生を書く』日本エディタースクール出版部、1994
『透谷の妻　石阪美那子の生涯』日本エディタースクール出版部、1995
『樺美智子　聖少女伝説』文藝春秋、2010、のち河出文庫『樺美智子、安保闘争に斃れた東大生』、2020
『「ミセス」の時代　おしゃれと〈教養〉と今井田勲』現代書館、2014
『私だったかもしれない　ある赤軍派女性兵士の25年』インパクト出版会、2022

共編著
『女がヒロシマを語る』インパクト出版会、1996
『時代を拓いた女たち　かながわの131人』2005、『時代を拓いた女たちII　かながわの111人』2011、『時代を拓いた女たちIII　かながわの112人』2019、史の会・かながわ女性史研究会共編著、神奈川新聞社
『この女を見よ　本荘幽蘭と隠された近代日本』安藤礼二共編著、ぷねうま舎、2015
『連合赤軍　遺族への手紙』遠山幸子編著、インパクト出版会、2024

歴史をひらいた女たち
人物で読むジェンダー史

2025年1月25日　第1刷発行
著　者　江　刺　昭　子

発行人　川　満　昭　広
装幀者　宗　利　淳　一
発　行　インパクト出版会
〒113-0033　東京都文京区本郷2-5-11　服部ビル2F
Tel 03-3818-7576　Fax 03-3818-8676　郵便振替 00110-9-83148
E-mail：impact@jca.apc.org　http://impact-shuppankai.com/
編集担当＝深田卓

モリモト印刷株式会社

共生社会をめざして

人物で読むジェンダー史

江刺昭子著　定価 2200 円＋税　ISBN978-4-7554-0357-6

本書の姉妹編。女性史研究、女性評伝作家・江刺昭子の集大成、第 2 巻。Ⅰ メディアに生きる　草分けの時代から変わらぬ女性蔑視 / 自由奔放に非日常を生きた女性記者、中平文子という生き方 / 日中戦争前夜、竹中繁が訴えた「相互理解」の大切さ /『婦人公論』初の女性編集長　三枝佐枝子の仕事 / 女性誌を変革した『ミセス』休刊の理由ほか
Ⅱ 表現者の自由を拓く /「閨秀」から「女流」「女性」へ / 階級やジャンル越える女性作家 / 武道館を埋めた作家がいた /「倒錯的」「邪道」と蔑まれても駆け抜けた役者一代 / 幸田文の「崩れ」に学ぶ、大災害の続く今こそ / 太平洋戦争開戦を受け入れた表現者たちほか　Ⅲ 政治に挑む　Ⅳ 家族の形を問う　Ⅴ 性差別、性被害を告発する　Ⅵ 悼詞

女のくせに　草分けの女性新聞記者たち

江刺昭子著　定価 2300 円＋税　ISBN978-4-7554-0061-2

初の女性記者竹越竹代から管野すが、市川房枝まで、「明治」から「大正」へ、男に伍してジャーナリズムの最先端を担った女性記者たち。激動の時代をスキャンダラスにそして革新的に生きた女性たちの姿を生き生きと描きだす。松岡もと子、本荘幽蘭、大沢豊子、松本英子、磯村春子、竹中繁、平山訓子、中平文子、小橋三四子、望月百合子、山高しげり

私だったかもしれない

ある赤軍派女性兵士の 25 年

江刺昭子著　定価 2000 円＋税　ISBN978-4-7554-0319-4

1972 年 1 月、極寒の山岳ベースで総括死させられた遠山美枝子。彼女はなぜ非業の死を遂げなければならなかったのか。これまでの遠山像を書き換える評伝文学。

連合赤軍　遺族への手紙

遠山幸子・江刺昭子編　定価 2500 円＋税　ISBN978-4-7554-0349-1

半世紀を経て発見された歴史的書簡集。娘を殺された母の激しい怒りに直面し被告たちは事件を見つめ直し、遺族たちに向き合う。永田洋子、森恒夫、植垣康博、吉野雅邦ら連合赤軍事件の多くの被告たち、そして重信房子、高原浩之らの事件直後の未公開書簡集。